ASAHI SENSHO
朝日選書
926

# データで読む　平成期の家族問題

## 四半世紀で昭和とどう変わったか

湯沢雍彦



朝日新聞出版

# データで読む　平成期の家族問題●目次

図版／フジ企画

# データで読む　平成期の家族問題

四半世紀で昭和とどう変わったか

湯沢雍彦

# まえがき

1989年1月に昭和天皇が崩御されて、時の小渕恵三官房長官から新しい年号が「平成」となると発表されたのを昨日のことのように覚えているが、それから早くも25年間が経過した。平成時代はまだまだ続いていくが、25年間という四半世紀はちょうどよい区切りなので、この間の日本の家族問題（家族に関係するあらゆる出来事）の推移を一冊にまとめておこうと考えた。これが本書の直接の目的である。ここには、平成25（2013）年12月末までの諸問題を収録した。

＊

おおざっぱにくくれば、日本の昭和戦後（終戦時以降）の43年間は短い困窮状態のあとは「発展の時代」であった。そこでは一時は国民の9割までは、金持ちではないが貧乏ではないという横並びを感じる結構な社会が続いていた。「昭和元禄・使い捨て時代」という言葉も生まれた。しかし平成期に入ると平成3（1991）年にバブル経済が破綻して6年には平均家計所得の高いピークを迎えて以来、経済はずっと不安定で「不況の時代」が続いた。自殺率は平成10（1998）年から13年間も戦後屈指の高さをきざんだ。ただ平成24（2012）年後半からようやく復調の兆しが見えはじめ、25年末には、金融緩和と機動的な財政支出とで株高・円安を実現した。

戦争参加はなかったものの二つの大災害（阪神・淡路大震災と東日本大震災）に見舞われ、昭和の成長期に作られた社会諸設備の老朽化も始まった。寿命は延びたものの出生数は減少し、老年化は世界一速く進んで、平成21年からは総人口そのものの減少も始まった。不況は15年以上も続いたので、全体としては「衰退」のイメージのほうが強い。

暗い側面は多いが、しかし、明るい面もあらわれてきた。

家族関係についていえば、大きく個人を拘束してきた親族の息苦しいしばり（結婚や喪儀など）は小さくなり、個人が個人として伸び伸びし、人間同士が親しめる空間が多くなった。親の収入減から児童虐待はやや増えたが、平成12（2000）年頃から犯罪は減少傾向が続き、離婚率も低下している。「身の上相談」は厳しい内容から、総じてやさしい雰囲気になってきた。それだけ個人の自由が拡大し、社会の福祉や資源が増えてきたのであろう。形にこだわっていた結婚式や葬式がかなり簡素化され、常識に近い営みになった。平成24（2012）年の国際調査では、日本の「成人力」が世界一という明るい結果も発表された。強いといわれていた「古い社会の伝統としきたり」が一番破られた時代でもあった。

週休2日制が始まり、パソコンやケータイなどの電子機器が急速に進化した社会背景の移行があったことも大きな変化であったであろう。

さて本書は、私の家族問題史シリーズの5冊目である。明治から昭和後期までと違って、今回はまさに生きて暮らしている現代を追っているので、時代ごとに話題を追う従来の4冊とは形式をかなり変えてみた。

序論では、経済的変動と家族との関係を検討した。

第一部では、国の大規模調査を中心に、世帯・結婚・離婚・家事事件などの大きな問題がこの四半世紀でどれだけ推移したかを数の上から確認した。

第二部では、ケースを中心に、夫婦と親子の関係の具体的な姿の焦点を分析し、第三部ではこの時代に問題視された各種のトピックスを紹介した。

そして附論では、将来最も重要になるであろう少子化が引き続き起こす社会問題とその改革について、私なりの考察を付け加えた。

巻末には、かなり詳しい各年ごとの年表を付した。

＊

本書のねらいの一つは、平成25年間という時期についての信頼できる資料の収集と蓄積であるので、できる限り、実際の数字や関係者の生の発言を取り入れた（ただし、大規模統計では、平成22〈2010〉年もしくは23年度分までしか発表されていないものもあるが、それはご了承いただきたい）。そして他の一つは、私なりの考えを出すことにあったが、それはとくに「身の上相談」「三世代家族の再考」「特別養子縁組制度」「離婚の具体例の収集」「離婚調停中立動機」「要保護児童の救済」「少子化克服のための改革」などについて述べた項で、果たしてみたつもりである。

なお、私の家族問題史シリーズとは、次のものである。

1.『明治の結婚　明治の離婚』角川選書、2005年
2.『大正期の家族問題』ミネルヴァ書房、2010年
3.『昭和前期の家族問題』ミネルヴァ書房、2011年
4.『昭和後期の家族問題』ミネルヴァ書房、2012年

なお、本書はさまざまな資料を引用しているが、一部、原典に掲載されている実名を本書では掲載せず、〈　〉で示した。また、原典にある改行はスペースの関係上省略し、「／」で示した。数字では、小数点以下を省いた箇所もある。

序論

# 時の流れ——暗い動き・明るい動き

## 1　経済と家族との関係

### 右肩下がりの経済生活

平成の25年間には、あとでたどるようにさまざまな出来事が起こっているが、幸いなことに、昭和戦後43年間に引き続いて日本が直接戦争に巻き込まれる事態にはならないできた。「平和を念願し」「再び戦争の惨禍が起ることのない」ことを決議した「日本国憲法」の精神が守られてきたことは立派なものである。

では、家庭生活はどうだったのだろうか。25年も前のことなどは、ほとんどの人が忘れかけているが、昭和の末期そして平成の始まりの１９９０年前後は、今振り返れば、サラリーマン家族（78％）を大半とする家庭生活は安定どころか経済成長をなお続けている結構な時代にあった。

ごく一部ではバブルがはじけたという声も聞こえていたが、平成元（１９８９）年の完全失業率は２・３％で経済成長期後半と同じ。平成23（２０１１）年度の半分もない。非正規雇用者は18％程度いたが、それはほとんどが早い時間の帰宅を希望した女性の姿で、男性の大部分は正規の雇用者になれていた。

生活の豊かさを端的に示すエンゲル係数（総家計支出中に占める食費の割合）はぐんぐん下がって平成

図表序－１　エンゲル係数の推移

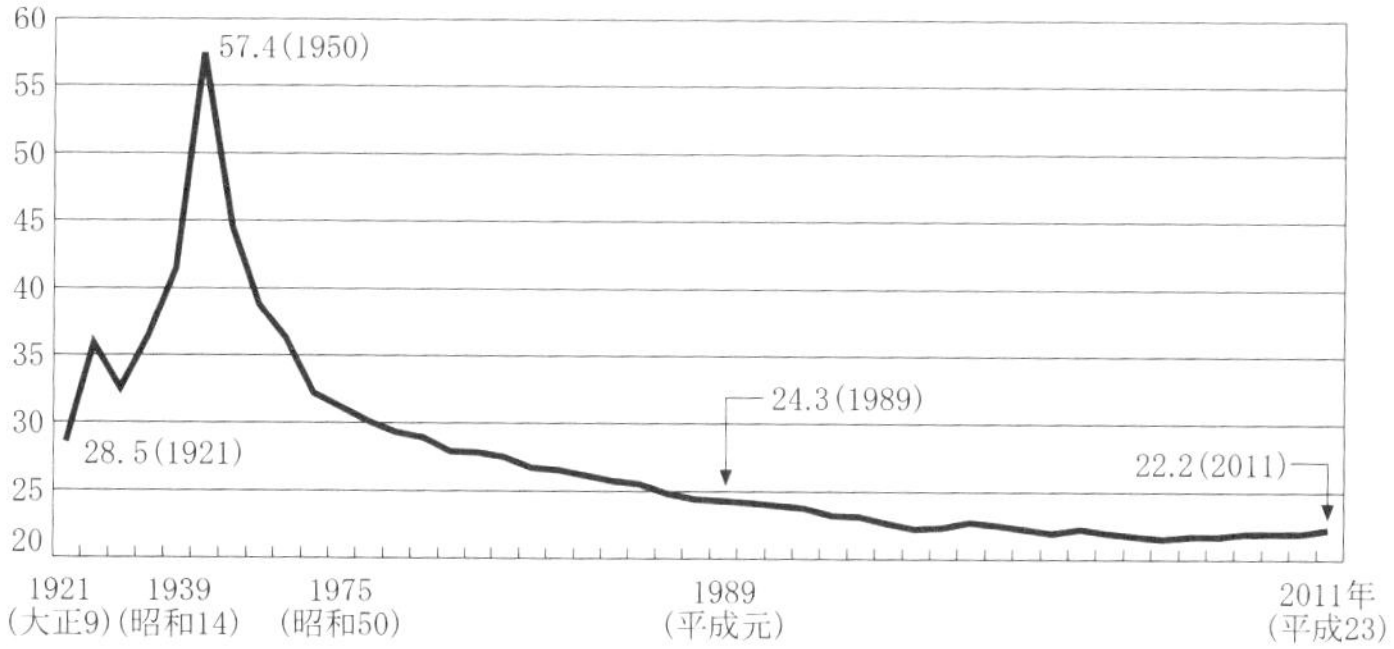


注）総務省統計局「家計調査総合報告書」

元年には24％と理想的な数値になっていた（図表序－１）。昭和63（１９８８）年の「国民性調査」で「あなたの生活水準はこの10年間でどう変わったか」と聞かれたとき、41％の人が「よくなった」と答え、14％の人だけが「悪くなった」と答えている（図表序－２、序－３）。たまたま同じ年に、お茶の水女子大学の湯沢研究室では大手の生命保険、商社および製造業（電気）の３社の退職者８８４人を調査し、平成２（１９９０）年に結果を発表したことがある。

数字から見る限り（定年）退職後の仕事は比較的恵まれているが、調査日現在の生活水準はどうか。自ら「上」あるいは「中の上」と答えたのが80％を超え、「困っている」はわずか１％（総務庁調査などの同世代の男子平均ではそれぞれ64％、８％）にすぎなかった。

これを裏付ける収入面を見ると、公的年金を受けている者は一般と大きな差はないが、私的年金収入のある者が70％（同7％）、財産収入のある者が46％（同17％）。自由に使える小遣いも月額５万円以上が49％（同22％）で同世代の男子に比べ恵

図表序－２　お宅の暮らし向きはどれに当たるでしょうか

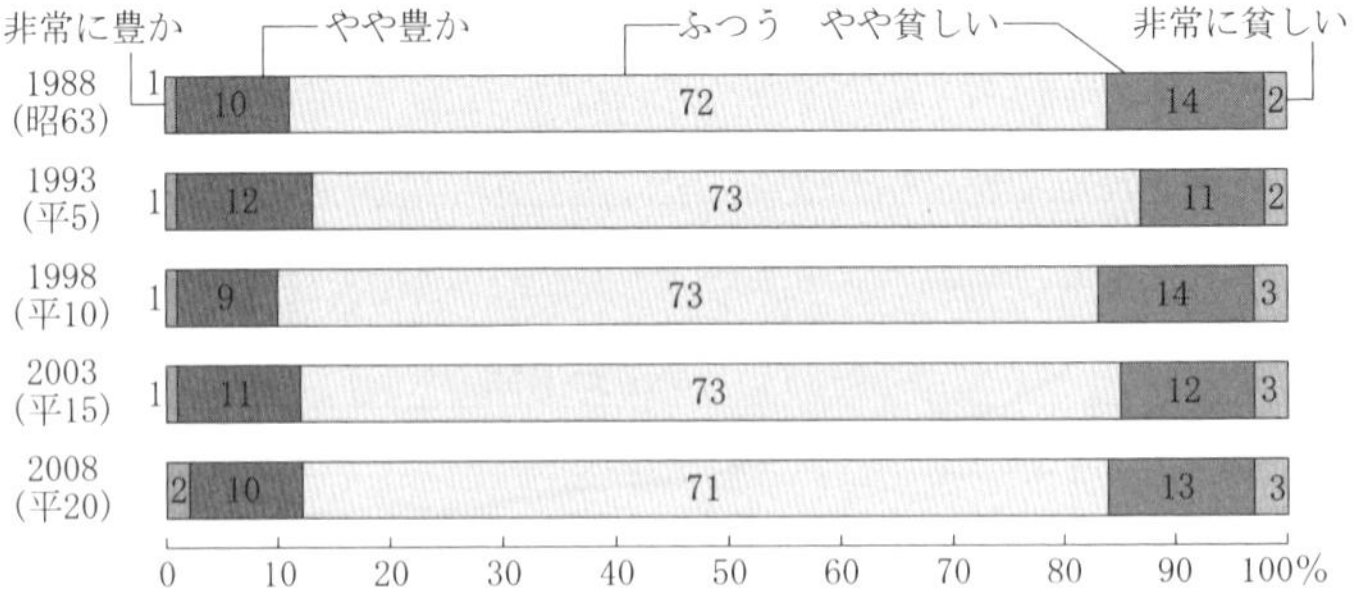


図表序－３　あなたの生活水準はこの10年でどう変わりましたか

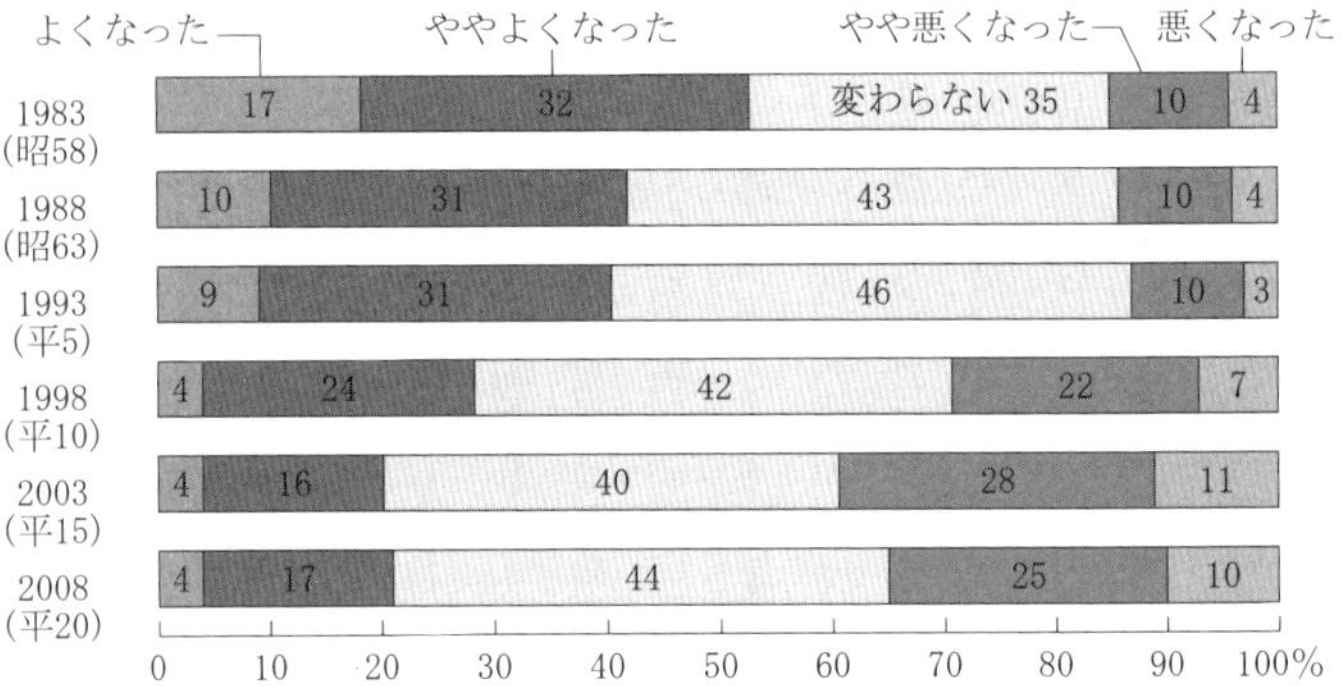


注）どちらも統計数理研究所「国民性調査」第12次報告書

まれた生活を送っている。[1]

たしかに、昭和61(1986)年12月から平成3(1991)年2月までの産業界は「平成景気」と呼ばれるものがあったのである。だがこの頃に始まった円高の急激な進展は輸出中心の企業収益を悪化させ、いったんはバブル景気が起こったが、地価、株価の下落からそれは一気に崩壊して経済は不況に向かいだした。

家族をめぐる家庭経済や生活状況も、平成8(1996)年頃までは何とかそれまでの傾向を維持できていたが、平成9年頃からは所得をはじめ種々の側面で悪化の傾向が目立ちはじめ、経済的な不況はその後14年間も続いてきた。平成23年までの基本的な数値を大きく列挙してみると**図表序-4**のようになる。平成8年までは大体横ばいか右下がりが続いているが、平成9年以降は悪化の右上がりの項目が続いている。自殺率(人口10万人当たりの自殺者数の割合)は、平成9年の19・0から平成10年の25・4へと急上昇し、40代・50代の男性が中心であり、この間に不況が一番激化したことがうかがわれる。

そのため、平成8年までを第Ⅰ期、平成9年以降を第Ⅱ期と区分したほうが説明がしやすい。

**おおまかなくくり**

さて、家庭生活の一番基本となる家庭経済も平成9(1997)年頃から大きな不況に見舞われ(生活保護率が増加を始めた)、以後平成24(2012)年まで不況の波を抜け出せないでいた。これは、平成25年間の最大の問題である。

**図表序－4　基本的数値の変動**

| | 第Ⅰ期 | | 第Ⅱ期 | | 大体の傾向 | |
|---|---|---|---|---|---|---|
| | 1989年<br>平成元 | 1996<br>平成8 | 1997<br>平成9 | 2011<br>平成23 | 第Ⅰ期 | 第Ⅱ期 |
| 1．世帯当たり平均所得（万円） | 567 | 661 | 658 | 548 | ↗ | ↘ |
| 2．低所得層世帯割合（%） | | 23 | | 32 | → | ↗ |
| 3．生活水準悪化意識（%） | 14 | | 14 | 35 | → | ↗ |
| 4．完全失業率（%） | 2.3 | 3.3 | 3.4 | 4.5 | ↗ | ↗ |
| 5．非正規雇用者率（%） | 19 | 22 | 23 | 35 | → | ↗ |
| 6．生活保護率（1000人当たり） | 8.2 | 7.2 | 7.0 | 16.5 | ↘ | ↗ |
| 7．婚姻数（万） | 70.8 | 79.5 | 77.6 | 66.2 | ↗ | ↘ |
| 8．離婚数（万） | 15.8 | 20.7 | 22.3 | 23.6 | ↗ | → |
| 9．出生数（万） | 125 | 121 | 119 | 105 | → | ↘ |
| 10．自殺率（10万人当たり） | 17 | 18 | 19 | 23 | → | ↗ |
| 11．養護施設在所児童数（万） | 3.0 | 2.8 | 2.8 | 3.2 | ↘ | ↗ |
| 12．全家事調停事件数（万） | 8.5 | 10.0 | 10.2 | 13.7 | ↗ | ↗ |
| 13．エンゲル係数 | 24.3 | 22.2 | 22.3 | 22.2 | ↘ | → |

注）厚生労働省「国民生活基礎調査」などから作成

総務省統計局による「家計調査」によると、「2人以上の勤労者世帯の収入」は平成（元年が1989年）に入ってのちも伸び続け、世帯主収入もその他の実収入も平成6（1994）年がピークとなるまで続いた。しかしこれは庶民の実感とは少しずれている。生活格差の広がりは昭和末期から始まり、景気のおかしさは、平成2（1990）年頃から感じられ、平成5年には「大型不況」という言葉も使われていたからである。年度ごとに大きくくくってみると、**図表序－5～序－7**のようになる（このずれは家計調査の対象者には、比較的恵まれた企業の従業者家族が多く、高齢単身者・自営業・農家など低所得者が多い家族があまり含まれていないためであろう）。以下に、時代の特色を簡単にまとめておく。

(1) 平成1～3（1989～91）年。各種行政機関、銀行、会社などで土曜閉業が始まり、平成4年からは学校も週5日制となった。企業も勤労者世帯も所得は上昇を続け、生活の雰囲気は昭和35（1960）年頃以降の経済成長の流れがなお続いていた。

(2) 平成4～8（1992～96）年。平均世帯収入は横ばいを続けるものの平成2年に始まったバブル崩壊による経済不況が目立ちはじめた。ホームレスが急増し、小企業の倒産も目立ちはじめた。都内オフィスの空室率が10％台になった。企業は大型不況の到来と叫び、大卒新卒者は「就職氷河期だ」と叫んだが、勤労者家庭の生活水準は横ばいと上昇が続き、両者が交錯する時代であった。

(3) 平成9～10（1997～98）年。不況の本格化が始まり、個人破産は5万件を超える。平成9年、北海道拓殖銀行、山一証券など一部の大企業が倒産。平成10年には自殺率が前例のないほどに急上昇した。新卒者の初任給は据え置かれた。家庭の平均世帯収入も低下を始め、平成11年以降もその傾向が続くようになった。

(4) 平成12（2000）年。男性自殺者数は戦後最高となったが、他方、長らく検討されてきた介護保険制度と成年後見制度が始まった。これによって、増加しつつある高齢者と、それを抱える家族の生活不安と経済負担はかなり軽くなった。

(5) 平成13～24（2001～2012）年。経済不況は依然として続いていた。とくに、2008（平成20）年のリーマン・ショック（アメリカ）と、2011（平成23）年のギリシャ、スペインなどのヨーロッパ財政危機は各国に波及し、世界的な経済不況を一層深刻なものにした。[2] すでに日本では平成16（2004）年の経済協力開発機構（OECD）調査で、相対性貧困率は14・9％、30カ国中26番目というひどさで「貧困大国」になっていることが公表された。中流層が減少し、正規就職ができない若年者を直撃していることが多くの社会問題を引き起こしている。

(6) もっとも平成25（2013）年初めには、アメリカ経済の立ち直りから「ドル高円安」傾向が生

**図表序－5　平均年間所得金額（世帯当たり）**

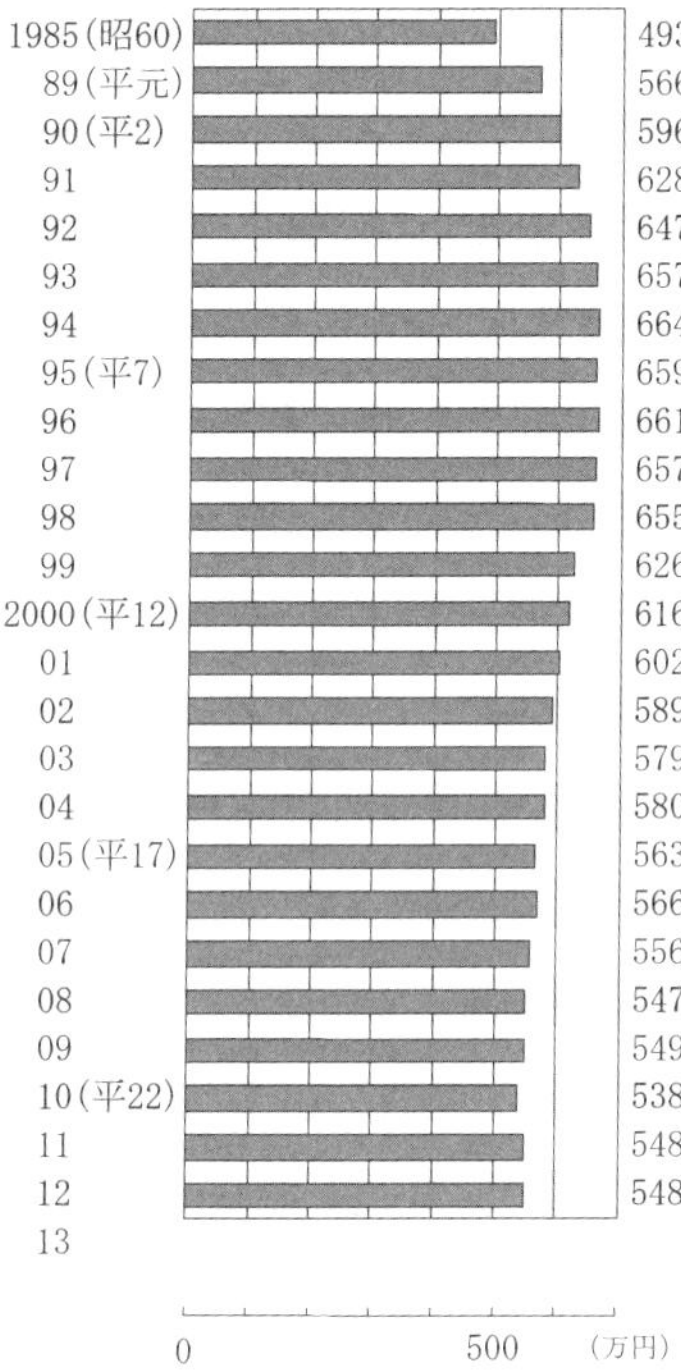


注）厚生労働省
「国民生活基礎調査の概説」

**図表序－6　完全失業率**

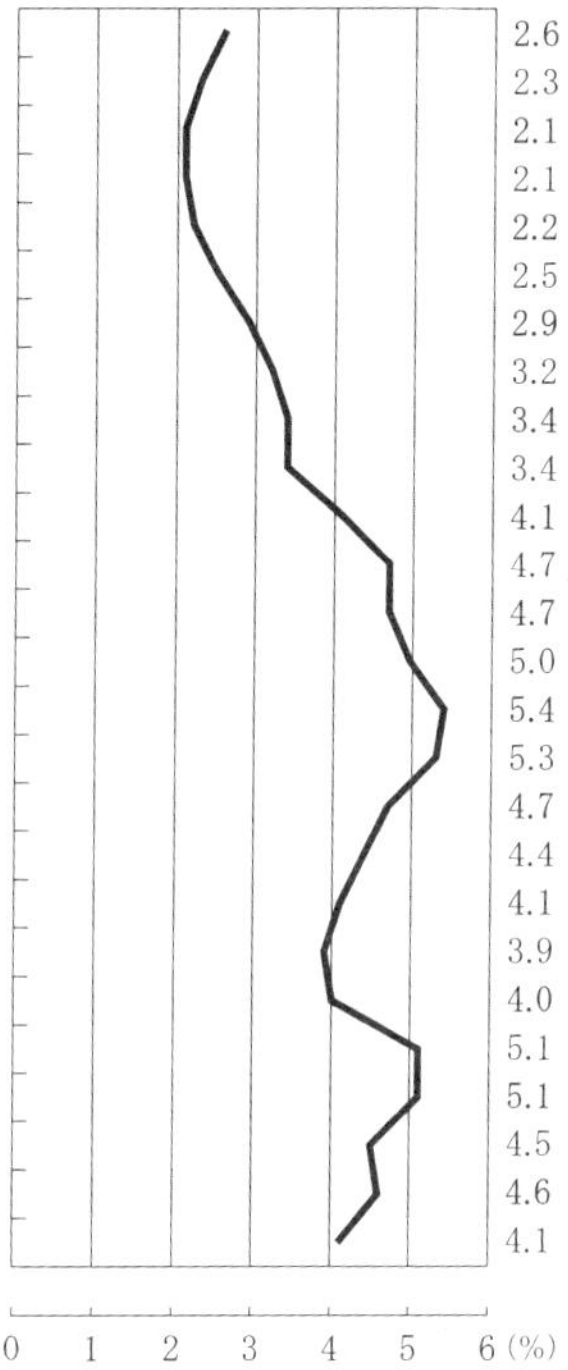


注）総務省統計局
「労働力調査」

図表序－7　非正規雇用者の割合

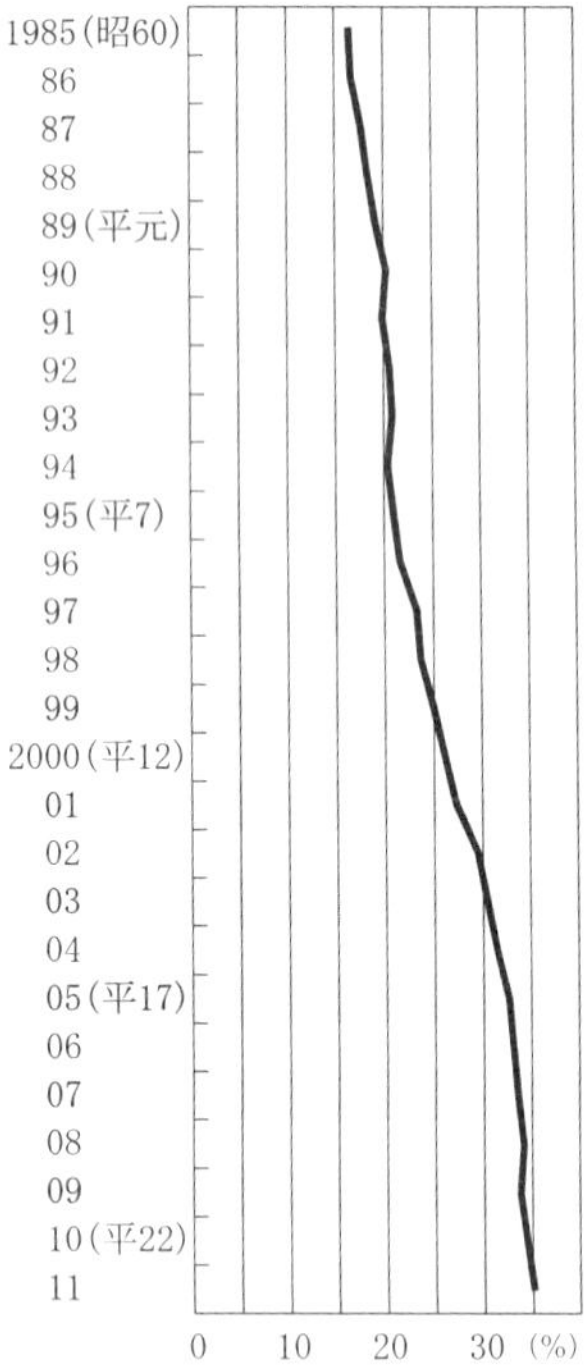

| 年 | 割合(%) |
|---|---|
| 1985(昭60) | 16.4 |
| 86 | 16.6 |
| 87 | 17.6 |
| 88 | 18.3 |
| 89(平元) | 19.1 |
| 90 | 20.2 |
| 91 | 19.8 |
| 92 | 20.5 |
| 93 | 20.8 |
| 94 | 20.3 |
| 95(平7) | 20.9 |
| 96 | 21.5 |
| 97 | 23.2 |
| 98 | 23.6 |
| 99 | 24.9 |
| 2000(平12) | 26.0 |
| 01 | 27.2 |
| 02 | 29.4 |
| 03 | 30.4 |
| 04 | 31.4 |
| 05(平17) | 32.6 |
| 06 | 33.0 |
| 07 | 33.5 |
| 08 | 34.1 |
| 09 | 33.7 |
| 10(平22) | 34.4 |
| 11 | 35.1 |

注）総務省統計局「労働力調査」

まれて、自動車などの輸出産業が息を吹き返し、大企業のボーナスも若干上がった。大企業の景況感は12カ月連続で改善し、中小の製造業は6年ぶり、非製造業も22年ぶりのプラスとなった。新興国の景気減速に加えて、企業の海外生産が増えた。反対に資材を輸入する産業は赤字が増えて、株価は激しく上下した。

長く続いた経済生活の落ち込みようは、1990年代なかばまでずっと右肩上がりの生活を続けてきた中高年の日本人とその家族にとっては、大きなつらい体験となった。

## 悲痛な祖父―孫の無理心中

家計の苦しさは、非常に良好だった家族関係をも破壊する。まじめな印刷業者だった祖父（66歳）が、おじいちゃん子として可愛がっていた孫の小学3年生を絞殺し、自分は死にきれなかったので逮捕されるという事件が、平成25（2013）年1月14日に東京都町田市で起こった。この2人は日頃仲がよく、手をつないでにこにこしていた。女児は「おじいちゃん、大好きだった」からこそ起きた悲痛な出来事で、祖父と父の減収が家族を破壊する典型的な事件となった。

**図表序－8　自殺率の推移(人口10万人当たり、男女の総数)**

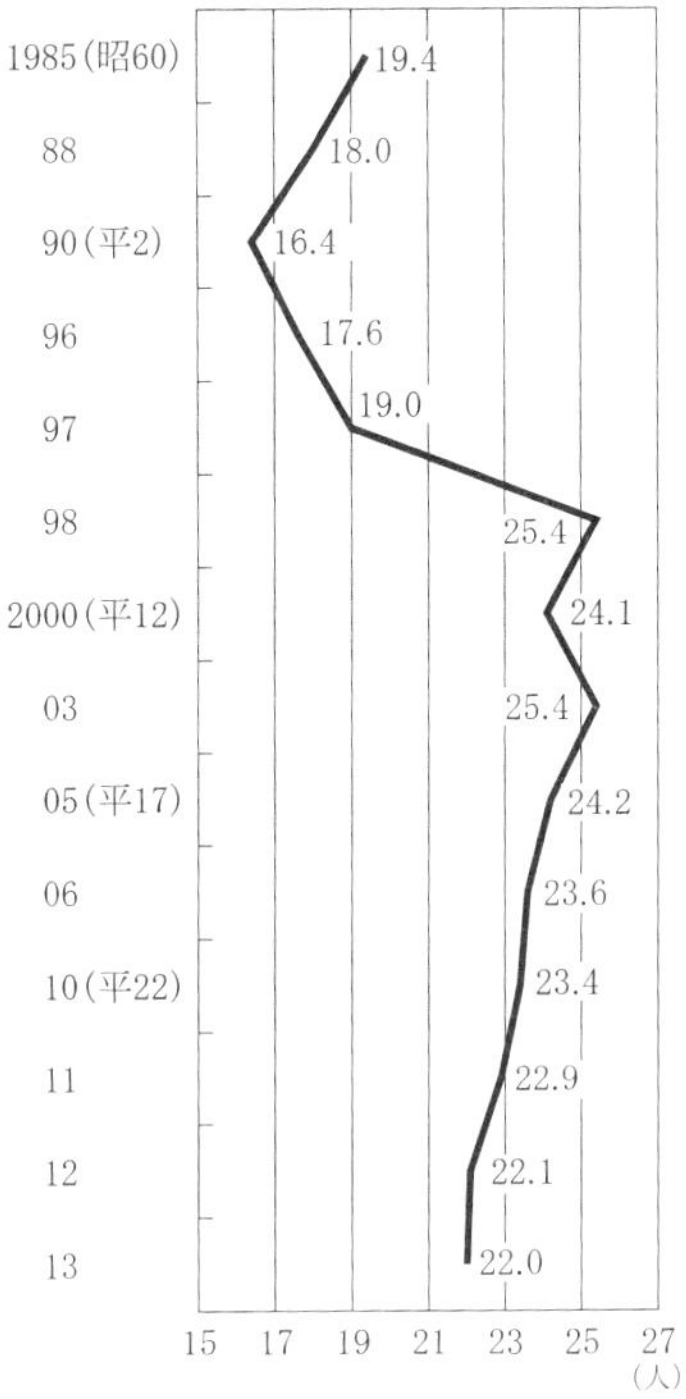


注）厚生労働省「人口動態統計」

〔この祖父〕は青森で生まれ、20年ほど前に離婚した後、中学生だった次男とともに関東に出てきた。／（中略）〔平成24年〕12月に次男夫婦は離婚。次男、〈孫〉との3人暮らしになった。営んでいた印刷業は採算が取れなくなり同じころやめた。年金保険料の納付期間を満たしていなかったため年金も受給できない。／車のローンに月十数万円の家賃、生活費……。「次男の勤めの収入だけでは足りず、貯金も底をついた。もう生きていけない。そう思ったが、かわいい〈孫娘〉をひとりぼっちにできない。だから連れて行こうとした[3]」

というのが心中を図った動機である。

## 2 明るい話題のいろいろ

しかし、家族については暗い話題ばかりではない。若い夫婦、とくに父親のあり方がかなり変わってきたようだ。また、増えてきた高齢者にも、介護や認知症の増加ばかりではなく、平成3（1991）年の100歳双子姉妹きんさん・ぎんさんの話題など、明るい側面が出てきたことを伝えておこう。

## 「アラウンド90」本も続々

高齢化が進んで、65歳以上高齢者の割合は平成2(1990)年の1493万人から平成23(2011)年には2975万人へと倍増した。25年には3200万人に到達した。そのため、介護問題の増加や認知症高齢者の問題が騒がれるようになったが、同時に超高齢期を健康に過ごす高齢者自身が書いた書物が、平成20年代には続々出版されて評判を呼ぶようになってきた。これも昭和時代まではなかった新現象である。

平成20(2008)年から毎年1冊ずつ自己の年齢を表に出して『90歳。一人暮らしをたのしんで生きる』『93歳。ひとりごとでも声に出して』などのエッセーを出してきた吉沢久子、『好奇心ガール、いま97歳』の自叙伝を出した報道写真家・笹本恒子は現役で活動している。97歳の現役小児科医・貴島テル子の『75年目のラブレター』など、女性が圧倒的に多いが、男性にも、大崎映晋『潜り人、92歳。』、竹浪正造『はげまして、はげまされて』の例がある。

柴田トヨが98歳のとき出した詩集『くじけないで』は1年足らずで100万部を超すベストセラーに、吉沢久子『94歳。寄りかからず。前向きにおおらかに』も6万部出たという。一般に出版物は5000部も売れれば大したものなのである。著者たちはみんな90代で、80代ではまだこの枠に入る資格がない。書く方の元気も相当なものだが、これだけ出るのは、65歳以上の高齢者と見られる読者の旺盛な読書欲があってこそである。書評家の松田哲夫によると、「この世代は他に楽しみがある団塊世代と違って、ストイックに活字に親しんできた世代。読書以外の楽しみがあまりなく還暦世代よりも貪欲に本を読み続けている」[4]とのことである。

これらの書物のことを、業界ではひと口に「アラウンド90」と呼んでいる。アラウンドとは、「おおよそ」という意味もあるが「めぐってきて」という意味のほうがよりふさわしいだろう。

## イクメンの出現

さて、平成20年代の一番明るい話題はこれではなかろうか。

「イクメン」とは、最初、美男子のことを指す「イケメン」をもじった言葉だったが、子育てを積極的に楽しむ男性を指すものとして平成20（2008）年頃から定着してきた。私が18年頃に買った電子辞書には入っていないから、平成25年間の後半を彩る新語の一つといえる。平成22（2010）年のユーキャン新語・流行語大賞ではトップテンに入っている。

従来からの育児雑誌のほかに、父親向けと思われる『FQ JAPAN』や『プレジデントファミリー』までも創刊され、イクメンに触れる雑誌の名は挙げきれないほど多くなった。「おかあさんといっしょ」で有名だった朝8時からのNHK教育テレビのほか日曜のBSプレミアムには「おとうさんといっしょ」が登場するようになった。

平成時代に入ってしばらくすると、街には恋人だか若夫婦だかのカップルが手をつないで歩く姿が見られるようになった。男女が横に並んで歩くだけでも警官に叱られた戦時中の時代を生きてきた我々には、目を見張るばかりの衝撃だった。それがイクメンの父親が抱っこひもで子を胸に抱えて街頭を歩くまで進化してきたのである。

これについては語るべきことが多いので、第三部（1章5節）で改めて紹介する。

## 3　めぼしい出来事

### プラスとマイナス

結局、平成25年間に家族・家庭をめぐって新しく起こっためぼしい出来事を箇条書きに列挙してみると、次のようになる。

〔プラスと見える側面〕

1. 土・日休業制の普及
2. 共働き家庭がはっきり過半数を超える
3. 都市ではイクメンの波が起こる
4. パソコン、ケータイの急速な普及
5. 介護保険制度の創設と一般化

6. 成年後見制度の創設と一般化
7. ベビーカー可のエレベーターなどの社会資源拡大
8. 禁煙が徹底し、アルコール依存症は減少
9. 健康もさらに改善され、未成年者が親を失うことが減少

〔マイナスと見える側面〕

1. 不況が長引き正規の就職収入が困難化
2. 生活難家庭が多発(とくに母子家庭、高齢者世帯の貧困化)
3. 高齢化が急増(とくに認知症、介護問題が増加)
4. 少子化も続き、人口減が始まる
5. いじめ、虐待など病理現象増加
6. 離婚は増加後減少したが、子をめぐる争いが増える
7. 高速道路など社会資源の老朽化
8. 地震、大雨など自然災害の打撃が多発
9. 都市農村とも自然環境が悪化

こうすると項目数では同じようになるが、プラスの側面は25年間の前半(とくに第Ⅰ期)に起こった

ことが多く、マイナスの側面は平成10年以降（主に第Ⅱ期）に起こったことが多い。しかも、マイナス面は生活の基礎をおびやかし、重層的に長期化しているので、全体的には暗い感じの様相のほうが深いといわざるをえない。

その犠牲者は時に新聞を飾る。平成25（2013）年5月、大阪市内のマンションの一室で若い母親と3歳の幼児の遺体が見つかった。室内に食べ物はなく、通帳の残高は十数円。電気とガスは止められていた。ガス料金の請求書封筒に、「最後におなかいっぱい食べさせられなくて、ごめんね」という手書きメモが残されていた。[5] 収入途絶の結果であったであろう。

これは、昭和初期（1930年前後）の大恐慌と大凶作が続いた時代を思い起させる。東北農村では木の実やネズミなどで飢えをしのぎ、娘の身売りも全国で4万人を超え、失業した労働者は線路を歩いて帰郷したといわれたが、平成25年の大阪の母子はともに厚手のトレーナーを着、幼児の頭には毛布とバスタオルがかけられて亡くなっていたという。

つまり不況といっても、程度がまるで違う。高度経済成長期を生きてきた筆者らは、現代の生活をこんなはずではないと、ぜいたくができた時代を懐かしんでこぼしてばかりいるが、現在は、失業しても補うもの、すなわち社会保障も整い、戦前よりもはるかに豊かになった時代での不況なのである。

**家族の基本型は安定**

しかし、巨視的な視点から重要なテーマを追加しておく必要がある。それは、この25年の期間に、大部分の人間がそれまであった長い間の家族関係の生活習慣を破ってしまったのか、それとも維持しているのか、という最も基本的な問題である。（少なくとも日本では）人は成熟すると結婚（法的にも）し、長男夫婦は親と同居し、子を数人もうけて（生まれないときは養子をとる）養育し、家業か家職を継ぎ、親が高齢化したときには扶養してその最期をみとるというライフパターンを繰り返してきた。しかし現代は、さまざまな社会状況の変化から、この伝統的パターンをとらなくても生活できるように変わってきた。だが、男女による結婚、その夫婦による出産・子育てがなくなればその社会は維持継続できない。この点、現在の時点ではどうなのだろうか。

平成22（2010）年時点での結論を簡単にいえば、男の80%、女の90%は50歳までに一度は結婚している。50歳までに一度も結婚していない人の割合は、半世紀前のそれは、男1・7%、女3・3%であった。全体として男の8割、女の9割は結婚を経験している。また、18歳未満の子どもの8割は核家族の中で、2割は三世代世帯の中で育ち、親から遺棄・虐待される子どもは毎年約5000人近く（18歳まで延べ数にして4～5万人）出るが、それは子全体の0・2%にすぎない。しかし小さな児童虐待まで含めると最近は急増し、年に6万件前後が報告されている。格差が拡大し、低所得家族での親子関係は悪化してきたようだ。しかし、15～24歳を対象とする「家庭生活に満足感を持つ青少年の割合」は平成19年で87%あり、調査ごとに向上してきた（内閣府政策統括官「世界青年意識調査」）。

離婚が多くて、日本の夫婦は危機と受けとる人が多いが、国勢調査で見ると、有配偶者（すなわち夫婦として暮らしている者、ただし内縁を含む）は約3200万組もあり、この中での年間離婚件数（平成

25年は23万件）は微々たるものにすぎない。つまり、調査大勢で見る限り、制度としての婚姻は健在で、夫婦と親子の大部分は安定しているので、現代日本を指して「家族の危機」という言葉は当たらないことになる。しかし1・5にも足りない低い（合計特殊）出生率が続く限り総人口は減少せざるをえず、現に平成23（2011）年から人口減は始まっている。そのため2040年代末には1億を割り2080年代には今の半数以下になることが推測されている（国立人口問題研究所の将来推計）。これが最大の課題になるのでとくに「附論」で詳述する。

# 第一部

# 何がどれだけ動いてきたか

# 1章　大規模統計から見た変わり方

## 1　国勢調査から見た世帯と人員

### 平成2（1990）年の大勢

平成時代が始まったときの世帯と人員は、どんな様子だったのだろうか。たまたま平成2年が国勢調査の年に当たっていたので、その結果から大勢を知ることができる。

(1) 総人口は1億3611万人で、明治初年からの増加の勢いを続けていた。ただ1年ごとの年間増加率は、昭和時代に比べて鈍いものになっていたが、人口は減るものではなく、いつまでも増え続けるものであるとの誰の頭にもある考えを変えるものではなかった。それが、平成20（2008）年にはピークを迎えることになるのである。

(2) 平成2年の世帯（4104万世帯）の構成内容は次のようなものであって、昭和後期のそれを延長したものといえた（『人口統計資料集2013』表7－10および表7－11による。総数とは合致していない）。

| | 世帯 | 比率 | 人員 | 人員比率 |
|---|---|---|---|---|
| ①単独世帯 | 939万 | （23・1%） | 939万人 | （7・4%） |
| ②夫婦のみの世帯 | 629 | （15・5） | 1261 | （10・0） |
| ③夫婦と子どもの世帯 | 1517 | （37・3） | 5754 | （45・6） |
| ④一人親と子どもの世帯 | 275 | （5・7） | 678 | （2・2） |
| ⑤その他の世帯 | 706 | （17・4） | 3522 | （27・9） |

世帯構成から見るとき、この中では、単独世帯と一人親と子の世帯（とくに母子世帯）の存在が目につく。しかし、全体としては、②③④の合計が「核家族」といわれるものに当たるが、合計すれば世帯総数の58・5%となり、日本家族の中ではやはり標準的な形を占めている姿は変わっていない。

しかし、三世代家族を中心とする「その他の世帯」も、世帯数では17・4%と小さいものの、人員数を見ると27・9%を占めて、「夫婦と子どもの世帯」に次いでいる。三世代家族での暮らし方も、大きな存在であったのである。

(3) 少子化の傾向は、すでにこの40年も前（1950年代）から始まっていて、平成2年には14歳以下の年少人口が18・2％に減少していた。しかし減ってきたのは乳児・幼児だったので、中学校以上の学校経営を揺るがすものとはまだなっていなかった。他方、高齢化のほうがテンポが速かった。

(4) 社会統計では65歳以上を高齢者と呼ぶが、それが平成2年には1493万人に達し、総人口の12％を超えた（これが20年のちの平成22年には倍近い2948万人＝23・0％にもなるというスピードである）。ただ平成2年当時は、高齢者の3人に2人（67％）が子や孫と同居する世帯の中にいるという日本的特質を保っていた。1人暮らしは高齢者中の15％、施設に入っている高齢者は4％（64万人）にとどまっていた。居住形態では、まだ昭和の形を残している。

**平成22（2010）年の大勢**

次に、最も新しい平成22年国勢調査によって明らかになった家族統計中重要な諸点を抜き出してみよう。[1]

(1) 総人口は最高の年

5年来横ばいを続けていた日本国の総人口は平成20（2008）年12月1日に1億2806万人とな

り、最初の人口統計である明治5年（1872年＝3481万人）以来増加の一途を続けてきた日本総人口の最高を記録した。予想どおり平成23年からは毎年死亡が出生を上回って減少に転じはじめた（平成25＝2013年は1億2725万人と国立社会保障・人口問題研究所は予測）。

### (2) 世帯と人員

「家族」はそれぞれの条件に規制されてさまざまな生活形態をとっているので一義的な把握は困難だが、同居世帯員の内容を見ることによってほぼ家族の構成を知ることができる。「世帯」とは「住居と生計を一にする者の集団」であって、別居他出している家族員を含まないという点では家族よりも小さいが、同居して日常的に食事をともにする使用人などを含む点においては家族よりも大きい。しかし、家族の主要部分は世帯員として同居し、また世帯員の中核部分は家族なので、大部分の場合重複しており、世帯の構成をもって家族の構成とみなすことがほぼできる。

国勢調査の世帯統計では、昭和55（1980）年以降「一般世帯」と「施設等の世帯」とに大きく二分して集計している。

「施設等の世帯」とは、社会施設、病院、療養所、寮、寄宿舎、自衛隊営舎などに集団として居住している人々で、平成22（2010）年には11万2000世帯に258万人が存在した。この人員はかなりの数ともいえるが、総人口の中では2・0％に当たる数でしかない。平成17年には、10万世帯、231万人であったから1割以上増加している。おそらく老人ホームなどの社会福祉施設での増加が多くあったためであろう。

一般的な住宅に住んでいる「一般世帯」の中の人員別の分類では、1人暮らし、すなわち「単独世帯」が1588万5000世帯となって、一般世帯中の31・2%を占めたことが注目を浴びた。1世帯当たりの平均人員が東京都では2・05人となり、最多の山形県でも2・95人となって3人を超える府県はなくなってしまった（全国平均は2・46人）。

こうなると、1人暮らしや2人世帯で暮らす家族が一番多くなったと思われやすいが、それは錯覚で、人員別の分布は**図表1－1**のようになり、4人暮らしの人が一番多く、3人暮らしの人がそれに次いでいる。

(3) 世帯構成
5年おきに行われる国勢調査で最新の平成22（2010）年の結果によると、続柄は次のように分布していた。

A．一般世帯の総数＝5184万で、うち
①単独世帯　＝1678万（32・4％）〔実員＝1678万人〕
②夫婦のみ世帯　＝1024万（19・8％）〔実員＝2049万人〕
③夫婦と子の世帯　＝1444万（27・9％）〔実員＝5309万人〕
④一人親と子の世帯　＝452万（8・7％）〔実員＝1065万人〕

図表1－1　人員別世帯数と生活人員（2010年）

| | 世帯数（割合） | | 生活人員（割合） | |
|---|---|---|---|---|
| 総数 | 5092.8万（100.0） | | 12547.5万人（100.0） | |
| 1人 | 1588.5 | （31.2） | 1588.5 | （12.7） |
| 2人 | 1381.9 | （27.1） | 2763.8 | （22.0） |
| 3人 | 943.5 | （18.5） | 2830.5 | （22.6） |
| 4人 | 757.1 | （14.9） | 3028.4 | （24.1） |
| 5人 | 266.7 | （5.2） | 1333.5 | （10.6） |
| 6人 | 102.8 | （2.0） | 616.8 | （4.9） |
| 7人以上 | 52.4 | （1.0） | 386.0 | （3.1） |

注）総務省統計局「国勢調査報告」2010年

⑤その他の世帯　＝577万（11・1％）〔実員＝2480万人〕

B．施設等の世帯　＝11万　〔実員＝251万人〕

すなわち、総人口1億2806万人のうち、施設等の世帯に居住するものは2・0％にすぎず、98・0％の者は一般家庭で生活している。一般世帯の中の世帯割合は、①32・4％、②19・8％、③27・9％、④8・7％、⑤11・1％で、この中の単独とその他を除く3種の合計はいわゆる「核家族」になる。核家族世帯が56・4％を占めて、日本の家族の中心を占める姿はずっと変わっていない。ただしその中では、「夫婦と子」の割合が減少し、「夫婦のみ」と、「一人親と子」の世帯の割合が大きく増加している。

このように、世帯数から見ると、どの家族員からも離れている単独世帯の割合は一般世帯の3割を超えてきわめて大きな印象を与えるが、人員から見ると1人暮らしは約13％にすぎない。施設等の世帯で暮らす人も家族から離れているので単独世帯の人員に加えると1929万人になる。これらの人はどの家族とも離れているので「家族外生活者」と呼べるが総人口の15・1％になる。結局、残り84・9％の人は家族の誰かと暮らしている「家族内生活者」なので、世帯構成から見る限り、家族が崩壊したとかばらばらになったという言い方は当たらないことになる（図表1―2）。なお、第1回国勢調査が行われた大正9（1920）年の家族外生活者は12・5％であった。

(4) 縮小する世帯人員

一般世帯の中での「平均世帯人員」は、2・46人であった。35年前は3・28人、20年前は2・99人であったから、かなり縮小している。これは、3人以下暮らしの世帯が増加するよりも、4人暮らし以上の世帯の減少が多いためである。しかし世帯数から見るとこうなるが、人員の立ち場から見ると、実際には4人で暮らす人が一番多く（3028万人）、以下3人、2人の組み合わせが続く。6人以上で暮らす大人数家族も152万世帯あり、その生活人員の合計は950万人以上（全人口の7・6％）に達するほど多いことも忘れてはならない（図表1―1）。

(5) 三世代世帯は健在

全体としての世帯の縮小傾向から見て、（意識の上で）かつての主役であった親・子・孫とそろう「三世代世帯」は激減したと思われやすい。ところが、平成22（2010）年においても、全国では332

**図表１－２　家族外生活者の数と割合の推移**

| | 1980年 | 1990 | 2000 | 2010 |
|---|---|---|---|---|
| a．総人口 | 11691万人 | 12361 | 12693 | 12806 |
| b．単独生活者 | 538 | 791 | 1291 | 1678 |
| c．施設等居住者 | 151 | 174 | 197 | 251 |
| aに対するb＋cの割合 | 5.9% | 7.8% | 11.7% | 15.1% |

注）総務省統計局「国勢調査報告」各年版より算出

万世帯あり、平均世帯人員は５・20人いるから、合計して約１７００万人の人がその中で暮らしている。これは、非常に増えてきた単独世帯員よりも多い数であり、全国民の13・５％はこの中に含まれる。三世代が多い「その他の世帯」では、84％は65歳以上の高齢者を含み、また44％は18歳未満の子どもを抱えている。子どものほうから見ても、５人に１人は（核家族ではなく）この親族世帯の中で育っている。欧米先進諸国では見られぬ現象であって、日本の家族として、やはり重要な存在形態であり続けている。

(6)　家族内生活者と家族外生活者

前に見たように、「家族外生活者」の割合はこの30年間で徐々に増えて、平成22年には15・１％になった。これには、単独生活者がこの30年間で３倍も増えた影響が大きい。

しかし、残りの84・９％の人々は、何らかの家族と暮らしているので「家族内生活者」といえる。家族を離れる人は徐々に増えているが、約85％の人が家族とともに暮らしていることは、日本における家族の健在さを伝える一つの指標ではないだろうか。

なお参考までに、大正９（１９２０）年第１回国勢調査の抽出結果を分析した戸田貞三教授の研究[2]が残っているので、それと比べてみよう。

普通世帯の中を、世帯主とその近親者だけで暮らす者を家族Ⓑとしてその他の者Ⓒを分離すると、Ⓒは574万7000人もいた。これは、同居人・女中・奉公人等であって、10代・20代の男女に多い。このほか寄宿舎・病院・旅館・下宿屋等に集団的に居住する準世帯が8万2000Ⓓあり、またさらに別に、軍隊や刑務所等に約29万人Ⓔがいた。

戸田は、ⒸとⒺを合わせて家族外生活者が約600万人いて、これは総人口の10・8%に達すると驚いている（しかしこれに1人世帯の約64万人と、Ⓓを約40万人と見てこれに加えると約700万人になる。これこそが本当の「家族外生活者」ではなかろうか。その割合は12・5%にもなるのである）。

これについて戸田は、二つの点を指摘する。一つは、「国民の約9割までが家族内の人」だから、大多数の者は常に家族にその生活の根拠をおいているといえる。しかし二つ目として、新しい生活要求に応ずる社会関係が多くなって、かなりの者が「一時的にせよ永続的にせよ、家族から離れ、家族を構成することなく外部的社会関係に没頭する」ようになったことをいっている。

ちなみに、平成17（2005）年国勢調査における家族外生活者は1595万人で、総人口の12・6%であって、奇しくも大正9（1920）年の数字とほとんど同じであった。

(7) 未婚率は男女ともやや低下

長らく適齢期といわれてきた男性の25～29歳と女性の20～24歳の未婚率は、ともに昭和35（196

0）年以降50年間近くも上昇を続けて少子化の大きな原因を作ってきたが、平成22（2010）年になって男性は71・8％、女性は89・6％と横ばいになった。もっと高齢の層の上昇は続いているが、主力が下がったので総数としてもやや低下した。ようやく歯止めがかかったようである。

何がきっかけかはわからないが、合計特殊出生率（1人の女性が一生に産む子どもの平均数）は平成17（2005）年の1・26を最低値（ボトム）として、平成18年は1・32、20年は1・37、22年は1・39とやや回復してきた。

しかし出生の実数は、平成2年122万人、12年119万人、23年105万人と減少を続けている。

## (8) 高齢者の暮らし方

社会統計では、65歳以上を高齢者と規定している。平成22年までの国勢調査では、その世帯構成で次のことが明らかになった。

昭和23（1948）年に民法は大改正されて「家」の制度を廃止し、核家族のほうが適応しやすい制度にしたにもかかわらず、実際の生活では、20世紀末まで高齢者の過半数は子や孫と同居していて、高齢者を中心に見れば直系家族の形を保っていた。昭和35（1960）年には87％が同居で、昭和55（1980）年でも69％であり、日本の高齢者にとっては、子との同居こそが基本の生活形態であった。それが徐々に崩れ、平成に入ると、「夫婦2人暮らし」や「1人暮らし」が増えて、ようやく平成11（1999）年からは子や孫との同居が50％を割るようになった（**図表1－3**）。

図表１－３　高齢者の暮らし方の推移

| | 2010年 | | 2000 | 1990 | 1980 |
|---|---|---|---|---|---|
| | 実員 | % | % | % | % |
| 総数 | 2929万 | 100.0 | 100.0 | 100.0 | 100.0 |
| １人暮らし | 458 | 15.6 | 14.1 | 11.2 | 8.5 |
| 夫婦のみ | 974 | 33.3 | 33.1 | 25.7 | 19.6 |
| 子や孫と同居 | 1240 | 42.3 | 49.1 | 59.7 | 69.0 |
| 施設や病院 | 170 | 5.8 | 3.7 | 3.4 | 2.9 |
| その他・不詳 | 87 | 3.0 | | | |
| 参考・三世代世帯数 | | 332万 | 404万 | 436万 | |

注）総務省統計局「国勢調査報告」各年版より算出

これは、戦後はおろか、大正・明治、さらにそれ以前をさかのぼっても歴史に例がないことであり、日本の家族、とくに高齢者にとってはきわめて大きな変動といわなくてはならない。現代の高齢者は、経済的にも精神的にも子には依存せず、子から離れて独立して自らの生活を生きる道を歩もうとする人のほうが多くなったのである。しかしそれが全部ではないこともまた重要である。最近でも４割を超える者は同居であり、さらに「二世帯住宅」とか「隣居」の形をとる者も少なからずいて（統計数字は不明）、大きく見れば同居・別居は半々に分かれた状況にあるといってもよい状況である。これは国全体としては社会的対応を難しくする原因の一つとなっている。

(9)　子どもと世帯

18歳未満の子どもはどんな世帯に暮らしているだろうか。平成22（２０１０）年には２０３４万人いた子どもの80・０％は核家族の中に、すなわち親とともに（うち70・４％は両親と、9・７％は一人親と）、19・４％は祖父母を含む親族世帯の中で

**図表１−４　子どもが暮らす世帯**

| 世帯の家族類型 | 人口（1,000人） | | 割合（%） | |
|---|---|---|---|---|
| | 1990年 | 2010年 | 1990年 | 2010年 |
| 18歳未満人口総数 | 28,502 | 20,338 | 100.0 | 100.0 |
| 親族世帯 | 28,273 | 20,222 | 99.2 | 99.4 |
| 核家族世帯 | 19,637 | 16,280 | 68.9 | 80.0 |
| 夫婦と子ども | 18,189 | 14,316 | 63.8 | 70.4 |
| 男親と子ども | 195 | 178 | 0.7 | 0.9 |
| 女親と子ども | 1,251 | 1,785 | 4.4 | 8.8 |
| その他の親族世帯 | 8,636 | 3,942 | 30.3 | 19.4 |
| その他の世帯 | 228 | 117 | 0.8 | 0.6 |
| ６歳未満人口総数 | 7,931 | 6,346 | 100.0 | 100.0 |
| 親族世帯 | 7,920 | 6,325 | 99.9 | 99.7 |
| 核家族世帯 | 5,499 | 5,307 | 69.3 | 83.6 |
| 夫婦と子ども | 5,341 | 5,031 | 67.3 | 79.3 |
| 男親と子ども | 11 | 17 | 0.1 | 0.3 |
| 女親と子ども | 147 | 259 | 1.8 | 4.1 |
| その他の親族世帯 | 2,421 | 1,018 | 30.5 | 16.0 |
| その他の世帯 | 11 | 20 | 0.1 | 0.3 |

注）国立社会保障・人口問題研究所「人口統計資料集・2013」126頁

暮らしていた。合計すれば99・4％までが家族の中にいる。これは歴史的に見ても、国際的に見ても大きな割合で、「その他」（養護施設や少年院など）で暮らす者は0・6％にすぎない（**図表1－4**）。しかも家族の中にいる割合は、昭和50（1975）年＝98・7％、平成2（1980）年＝99・2％よりも向上している。

この面から見る限り、18歳未満全体を通していえば、親子の同居関係はやや良好になっていると推測できる。

ただし、6歳未満児635万人に限ると、家族内率は99・9％（昭和50年、平成2年とも）から99・7％へ若干低下し、その分、その他の割合が0・1％（平成2年＝1・1万人）から0・3％（平成22年＝2・0万人）へと増えている。親子同居関係で悪化しているのは乳幼児の側面で大きいことがよくわかる。

## 2　結婚をめぐる全体動向

**婚姻件数と婚姻率**

結婚の動向を統計的に把握するには、1年間の婚姻届出数にもとづく「婚姻件数」や、人口1000人当たり何組の婚姻届出がなされたかを示す「婚姻率（普通婚姻率）」などが用いられる（届出された結婚を法的に「婚姻」という)。

我が国の婚姻率は、終戦直後の一時期を除くと1960年代まではおおよそ8～10の範囲を保ち、とくに景気変動に連動することもなく安定していた。1970年代に入り、第一次ベビーブーム期に生まれた団塊の世代が結婚を始めると婚姻件数は100万台の大台に乗り、昭和46(1971)年には戦後2番目の10・4という高い婚姻率を示すとともに、婚姻件数も昭和47年に史上最高値(109万9984件)を記録した。しかしこれ以降、婚姻件数・婚姻率とも急速に下降し、昭和62(1987)年には69万6173件、婚姻率は5・7にまで落ち込んで、過去100年間で最も低い水準となった。翌昭和63(1988)年からは上昇に向かいはじめ、平成5(1993)年に婚姻率6・4まで回復した。

しかし、平成16(2004)年からはまた下降して、平成25(2013)年に66・3万件、婚姻率5・2となっている。結婚適齢期人口の減少もあるが、やはり結婚志向の低下と考えられる。

日本の婚姻率を諸外国と比べてみると、最近は中程度のグループに入る。離婚・再婚の多いアメリカは例外として、婚姻率の低下は先進国と途上国に共通の現象で、ほとんどの国で1980年代初頭に比べて2・0前後下がっている。若者が減り、高齢者が増え、事実婚も増えたためである。ヨーロッパの婚姻率低下は登録をしない事実婚の増加が主な要因であり、晩婚化の日本とは事情がかなり異なっている。

## 結婚式

結婚に当たって挙式するのが従来の慣習であったが、景気の悪化や考えの変化によって、まったく式をしないカップルも増えているといわれる。しかしその割合はわからない。ただし、挙げるにしても簡素なものでよいとする考えもあって、その具体例が新聞の投稿欄に見られた。静岡県の母親が娘の挙式をほめているのである。50代の主婦による投稿で、だいたい以下のような内容であった。

――私が結婚した30年ほど前は、会ったこともない親戚や会社の上司、同僚を100人近く招待するのが普通で、新郎新婦はひな壇で、置物のように黙って座っていました。親が企画し、親が挙げる結婚式でした。娘たちは、軽井沢の小さな教会でこぢんまりと式を挙げました。すべて2人で企画し、親の私たちは招待される側です。娘たちは招待客と同じテーブルに座り、切り分けたケーキを配って歩きました。仲人もなく、お色直しもなく、歯の浮くようなスピーチもなく、おいしい食事を堪能して、楽しくおしゃべりして終了。ふたを開けるまでどんな式になるか全然知りませんでしたが、終わってみてしみじみいい式だったと思いました。それに比べ、私たちの茶番劇のような恥ずかしい式は、いったい何だったんだろう。今の若いもんは……、私たちよりエライ。そう思った佳き日でした。

しかし、結婚情報誌『ゼクシィ』の結婚トレンド調査によると、どうもこれは例外で、大多数は伝統的な結婚式をデフレに関係なく、年々多額になる金をかけて開いている例のほうが多いようである。

平成23（2011）年4月～平成24（2012）年3月に式や宴を開いた全国の女性6840人からの回答によると、費用の総額は平均344万円であった。この6年前は303万円であったので、1割以上増えている。年々の増加には、晩婚化の影響もあると見られる。ただ、ご祝儀が226万円あるので、実際には120万円ほどの支出になる。招待客の平均は74人で、やや減りつつある。

ただ、地域による差異はかなり残っている。朝日新聞（平成24年10月19日）の記事を、次のようにまとめてみた。

①**九州**　金額や人数がいずれもトップクラスの大規模婚。祝儀相場は3万円という考えが強い。演出はオーソドックス。
②**関西**　1人当たり費用が5・9万円と多く、全国的な傾向よりやや派手め。
③**東海**　1人当たり費用が6・2万円で豪華さ全国一。料理や引き出物に金をかける。演出は派手で、地域色も強め。
④**首都圏**　人数も演出も控えめ。新郎新婦のスピーチ、テーブルごとの記念撮影など手作り感が強い。
⑤**北海道**　金額は少ないが、人数は多め。演出はシンプルな傾向（定額を払う会費制が一般的）。

『ゼクシィ』の編集長によれば、「節約意識が強い今だからこそ、結婚式は例外にして、ゲストをきちんともてなしたいという志向が落ちていない」のだという。

## 4組に1組が再婚者

この25年間で目立つのは、再婚の増加である。昭和50（1975）年には結婚の87％までを初婚者同士が占めていたが、平成に入って一方の再婚（夫の場合がやや多い）とともに双方再婚の組み合わせが増えて、平成17（2005）年から初婚同士の組み合わせは75％を割っている。

昔から、死別者が再婚するよりも離婚者が再婚するほうがずっと多い。死別は中高年で多く起こり、離婚は若年で多く起こるから当然のことだが、離婚者には再婚するための離婚も多いためであろう。

では離婚者の中の何割が再婚に踏み切るのだろうか。厚生労働省統計情報部の分析によれば、平成9（1997）年から13年に離婚した者は、5年間でおおむね3割が再婚している。全体としては夫のほうが数％多いが、妻のほうが多い年齢層もあって、再婚における女性のためらいは非常に少なくなってきた感じである。

再婚の場合でも、法律上の氏（戸籍上の名字）はどちらかに合わせなければならない。夫妻とも初婚の場合には昔ながらの「夫の氏」になるケースが平成17年でも97・3％と圧倒的に多く、「妻の氏」は2・7％にすぎない（それでも昭和60〈1985〉年までの1・0％に比べれば増えている）。ところが「妻の氏」を称する婚姻が妻再婚の場合には6・6％、夫再婚の場合には4・7％、そして再婚同士の場合には9・0％に達するほど多く見られる。これには離婚経験者としての夫が妻に配慮している面もあろうが、最大の理由としては、子連れで再婚する妻と子のために、その姓を変えないようにしたいという思いやりが強まったためと思われる。

### 増加して減少した国際結婚

第二次大戦後、新憲法の下で国籍法も改正され、男女とも国際結婚により日本国籍を喪失することはなくなり、占領下の日本人女性とアメリカ人男性との結婚をはじめとする国際結婚が次第に増えるようになった。昭和40（1965）年から平成18（2006）年までに、国際結婚数は11倍に伸び、全婚姻中に占める割合は6・1％までに拡大した（図表1－5）。

図表1－5　国際結婚の推移

| 夫が日本人 | 年 | 妻が日本人 |
|---|---|---|
| 1,067人（0.1％） | 1965 | 3,089人（0.3％） |
| 4,386（0.6） | 1980 | 2,875（0.4） |
| 20,026（2.8） | 1990 | 5,600（0.8） |
| 28,326（3.5） | 2000 | 7,937（1.0） |
| 35,993（4.9） | 2006 | 8,708（1.2） |
| 19,022（2.9） | 2011 | 6,912（1.0） |

注）厚生労働省「人口動態統計」（各年）

1970年代半ばまでは女性の国際結婚が多く、日本人女性とアメリカ人男性のカップルが国際結婚の3分の1を占めて主流をなしていた。しかしそれ以降この組み合わせは半減し、男女とも韓国・朝鮮人と日本人のカップルが5〜6割を占めるようになった。また、昭和40年には女性の3分の1にすぎなかった男性の国際結婚は一貫して増え続け、昭和50（1975）年に女性の国際結婚数を上回ったのち、最近は女性より3倍以上も多い。

しかし、平成19（2007）年からは減少に転じ、とくに外国人を妻とする結婚は平成23（2011）年には5年前の半分近く（1万9022件）にまで減ってしまった。これらの男性に生活難が起こったためと思われる。外国人夫のほうは、平成6（1994）年の8700から11年の6900に減っただけである。

なお「国際結婚」という言葉をよく使う国は、少なくとも先進国では日本だけのようで、日本が長い間いかに閉鎖的な国であったかをよく示している。

## 3　離婚をめぐる全体動向

### 離婚の発生と離婚率

日本の夫婦は、この25年間に関係がよくなってきたのだろうか。それとも不仲になってきたのだろうか。興味がそそられるところだが、容易にはわからない。簡単に見つかる物差しの一つは「離婚」に関するデータなので、まずこれを見てみよう。離婚については厚生労働省の「人口動態統計」や最高裁判所の「司法統計」など多くの統計があるが、その中から一部を紹介する。

平成元（1989）年に15万8000件であった離婚件数は年々増加して平成14（2002）年には29万件にまで達した。人口1000人当たりで見る「離婚率」も1・29から2・30まで上昇、これは1900年代には類のない急増であった（とくに、妻20代の若夫婦の離婚が目立った）。ところが平成15年からは下降に転じ、平成23（2011）年には23万6000件、1・87まで減少した。前半急増・後半

図表1－6　主要国の離婚率の推移（人口1000人当たりの離婚件数の比）

| | 1988年 | 1996 | 2001 | 2004 | 2008 | 2011 |
|---|---|---|---|---|---|---|
| ロシア | 3.35 | 4.51 | 5.30 | 4.42 | 4.47 | 4.68 |
| アメリカ | 4.80 | 4.33 | 4.19 | 3.60 | ? | ? |
| イギリス | 3.20 | 2.89 | 2.58 | 2.80 | ? | ? |
| スウェーデン | 2.20 | 2.42 | 2.36 | 2.24 | 2.52 | 2.48 |
| ドイツ | 2.09 | 2.14 | 2.47 | 2.59 | 2.27 | 2.29 |
| フランス | 1.91 | 1.90 | 1.94 | 2.09 | 2.08 | 2.04 |
| イタリア | 0.44 | 0.47 | 0.47 | 0.73 | 0.90 | 0.90 |
| 日本 | 1.26 | 1.66 | 2.27 | 2.14 | 1.99 | 1.87 |
| 韓国 | 0.87 | 1.19 | 2.85 | 2.90 | 2.50 | 2.34 |
| 中国 | — | — | — | 1.28 | 1.59 | 2.00 |

注）U.N., *DemographicYearbook*, 1997～2011年版
1988年のみ、ロシアはソビエト連邦、ドイツは西ドイツのものである

急減の四半世紀だったことになる。国際的に見ても、平成23年の離婚率は、**図表1－6**からもわかるように、カトリック総本山があるイタリアを除けば先進国の最低であって、日本が離婚が多い国とはいえない（イタリアには、他国にない「別居判決」という制度があり、離婚判決とほぼ同数に適用されるので、これを含めれば、1・80くらいが実際の離婚率になる）。しかし日本の最近の離婚件数は、その年の婚姻届出件数の3分の1にも当たるので、離婚が激増したと思われやすい。ところが、国勢調査でわかる有配偶者全体から見ると、1960年代の昔（約0・2％）よりは増加しているが、2000年以降約0・6％なので、100組に1組の夫婦も離婚していないのである。

では何があって、このように離婚率が上下したのだろうか。

別に見る（2章）ように、離婚の動機ないし原因は個々に異なるので簡単にまとめられない。考えられる

図表1－7　平成期の離婚率と収入の推移

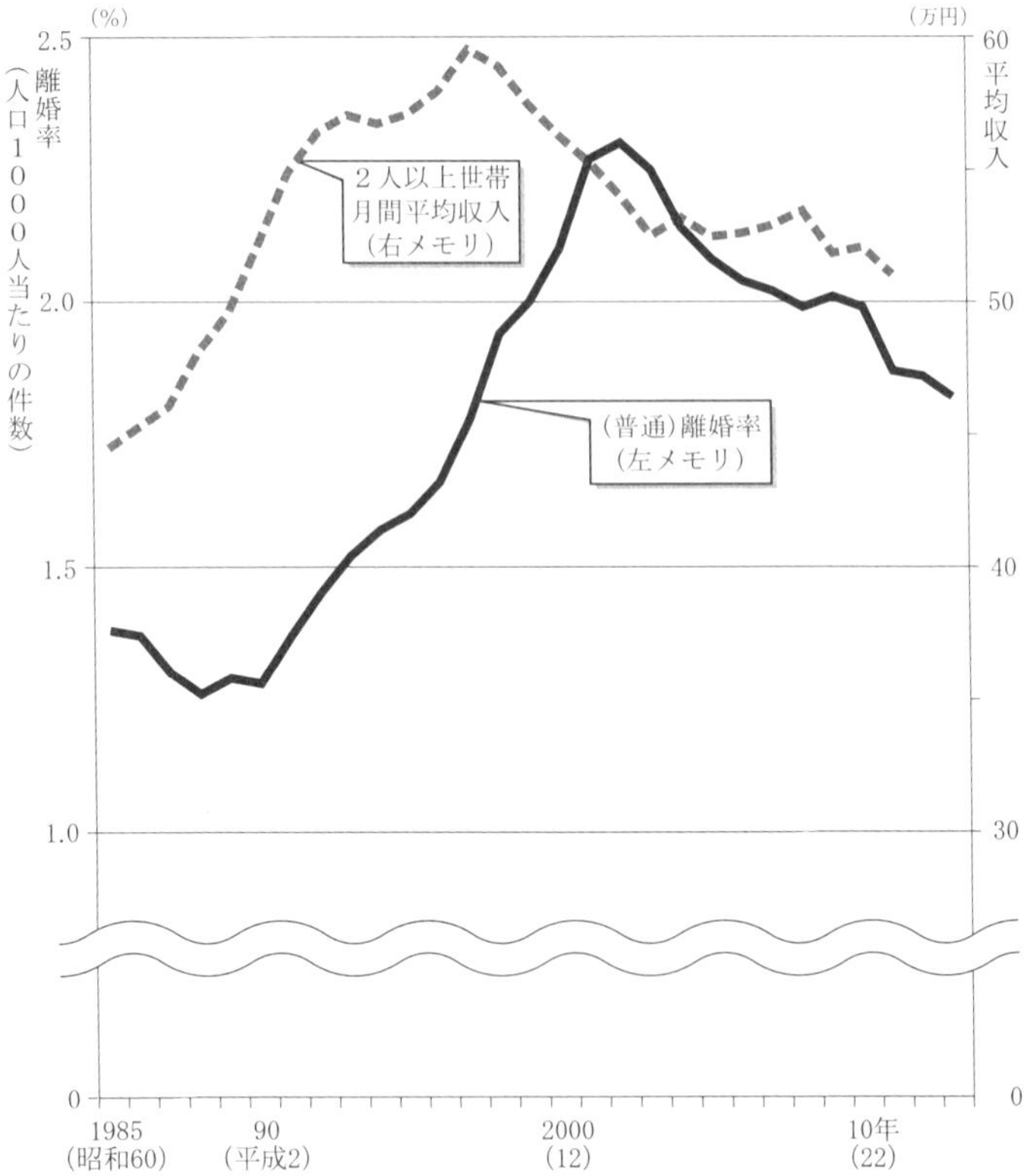


注）収入は総務省「全国消費実態調査」、離婚率は厚生労働省「人口動態統計」

ことの第一の理由は景気の悪化である。厚生労働省「国民生活基礎調査」による平均収入（2人以上勤労者世帯の平均月間収入）の波を右にずらした動向にかなり似ている（図表1－7）。とくに平成2（1990）年から11年間続いた上昇の波は収入の10年遅れの波に比例しており、平成15年から始まった下降の波は、収入のカーブの5年遅れのものと見られる。つまり、所得の上昇は離婚増を促し、所得の減少は離婚減を促すといえそうである。それはおそらく、離婚後に自立できるか否かの女性側の決断に関係しているのではないだろうか。

第二の大きな理由と考えられるものは、団塊の世代が作っていた夫婦の大集団が2000年以降50代という高齢期に移ったためである。離婚は10代、20代、30代という若いときに多く起こるもので、50代は20代の1割も離婚を起こさないからである。

第三には、夫婦の意識の変化もあるようである。これについてはあとに触れる。

**離婚の種類**

離婚の種類は、夫婦の合意だけでよい協議離婚、家庭裁判所が関与する調停離婚、審判離婚と、地方裁判所による判決離婚の4種であったが、平成16（2004）年度から地裁の離婚裁判手続きが家裁へ移行して和解離婚、認諾離婚が生まれ、計6種となった。

昭和22（1947）年までは明治民法（いわゆる旧民法）による協議と判決の2種類だけだったが、99%以上が協議離婚で占められ、夫側の「追い出し離婚」が多かったといわれている。戦後は、新しく誕

図表1－8　離婚の種類別件数の割合（%）

| | 離婚総件数 | 協議 | 調停 | 審判 | 和解 | 認諾 | 判決 |
|---|---|---|---|---|---|---|---|
| 1948年 | 79,032 | 98.2 | 1.5 | 0.1 | — | — | 0.2 |
| 1970年 | 95,937 | 89.6 | 9.3 | 0.1 | — | — | 1.0 |
| 1980年 | 141,689 | 89.9 | 9.0 | 0.0 | — | — | 1.2 |
| 1990年 | 157,608 | 90.5 | 8.4 | 0.0 | — | — | 1.0 |
| 2000年 | 264,255 | 91.5 | 7.7 | 0.0 | — | — | 0.8 |
| 2011年 | 235,719 | 87.4 | 10.0 | 0.0 | 1.5 | 0.0 | 1.1 |
| 11年の件数 | 235,719 | 205,998 | 23,576 | 69 | 3,478 | 24 | 2,574 |

注）厚生労働省「人口動態統計」（各年）

生した家裁での調停離婚が徐々に増加してきた。これは裁判所の介入によって、種々の条件および自己の主張に沿った妥当性のある解決を求める者が多くなったことを示す。しかし全体の割合としては、9割近くを占める協議離婚の優位は今なお動いていない（図表1－8）。

ところで、「審判離婚」は、婚姻を継続すると片方は破綻するほかないのに、他方が不当に拒否していると裁判官が判断した場合にとられる措置で、判決文が必要とされる国際結婚のケースにも用いられる。また「認諾離婚」とは、原告が離婚訴訟を起こし、第1回期日に被告が請求の趣旨（離婚と付帯条件）を争わずに受諾する場合の離婚をいう。

**夫婦継続期間と子どもの数**

1980年代に入ると、結婚2年未満の離婚の割合が1950年の半分以下に減り、代わって10年以上経過した夫婦の離婚が増え、3分の1を超えるようになった。

離婚夫婦の平均同居期間（事実上の同居を始めてから別居するま

で）は、昭和25（1950）年の5・3年、昭和55（1980）年の8・6年から、平成23（2011）年には10・5年と長くなってきた。「成田離婚」という流行語とは反対に、離婚になる夫婦でも継続性はよくなってきたのである。他方、「熟年離婚」という言葉も生まれ、高齢者の離婚もしきりにささやかれる。その発生率は実は小さなものだが、実数を増したということは、全体の結婚期間が長くなったことの反映である。

これには、背景となる夫婦数そのものの動きが影響している。若年夫婦が年々減少したこと、団塊の世代が作る夫婦の大集団が60代に移ってきたこと、それに恋愛結婚が多くなって初期の婚姻の解消が減ってきたことが三つの大きな理由であろう。

親の離婚に巻き込まれる未成年の子の数は平成23年でも13万7000人いる（未成年子のない離婚は9万9000組）。子がある場合の離婚のほうが多いから、一見「子はかすがい」ではなくなったかのように見える。しかし、子がない夫婦（全夫婦の3〜7％）の離婚発生率は、子のある夫婦の発生率よりずっと高い（前者の6倍くらい）のだから、やはり「子はかすがい」という働きはあるのである。子の数の平均数は0人を含むと1・0人前後（0人を除くと約1・6人）で、この60年間意外なほど変わっていない。

## 子と親の面会交流

離婚によって夫婦ははっきり別れることができるが親子の関係は一生継続する。離婚夫婦には未成年の子が毎年15万人前後もいるのである。とくに監護者（ほとんどの場合親権者）になれなかった親（最近は9割近くが父親）の多くは、別居になった子どもと定期的に会える保証を求めたがる。子どものほうも、ふつうは別居の親と会いたがる。だが、実際にはなかなかうまくいかない。ヨーロッパ諸国には存在する親離婚後の親子の面会交流の規定が日本の民法にはなかったことも大きい。やっと平成23（2011）年5月に「離婚に当っては親子の面会及びその他の交流や費用の分担などに子の利益を最も優先して考慮する」よう民法766条1項が改正された。

現実には、平成初年頃から日本の父親もはっきりした約束を求める声が強くなった。そこで、未成年者がいる離婚調停事件では、成立のとき調停条項の一つに、この項目を取り入れることが多くなった。「父親は毎月1回、日曜日の午後に○○公園で子と会うことを母親は承諾する」といったものである。

しかし母親は、子が別れた父親と顔を合わせることを嫌がる。父が子に高額なお金や玩具を与える、子が途中で気が変わって父親のもとへ移りたがるのを恐れるなど、母親の心配も大きい。そのため、決定後も運用がうまくいかない難しい問題になっている。

家裁を利用しない協議離婚などで、離婚時にこの問題を決めなかった夫婦は、のちに「子の監護事件」として家裁の調停を求めることになる。対象児は6～9歳が最も多く、3～4歳児がそれに次ぐ。男子・女子の差はない。また面会回数は、幼いときには「月1回以上」が過半数を占めて最も多い。「宿泊をともなう面接」は6～9歳ではやや多いが、全体としては13％しかなく、外国に比べてかなり少ない。しかし、全体としての面接交流は数は少ないながら、家裁事件としては年ごとに確実に増加している。なお、平成25（2013）年4月からは、離婚届の書式の一部に「面会方法」の有無を記入する欄が新設された。

**養育費の支払い**

離婚後も親の扶養義務はなくならないから、引き取らなかった親は養育費を支払うことがふつうである。しかしこの問題も、なおスムーズにいっていない。

NPO法人ウインクが平成21（2009）年に離婚した一人親家庭を対象にインターネット上で調査を行い、301件の有効回答を得た（**図表1－9**）。

**面会交流と養育費の関係**

離婚すると、子を引き取らなかった親（9割までが父親）は、一般に子と面会することを強く望む場合が多い。しかし面会には、決められた養育費がきちんと払われていることが条件となっている場合が一般的である。その関係についても、ウィンクの調査は扱っており、それを一覧表に整理したのが**図表1－10**である。

全体としては、養育費支払い「あり」の場合に面接交流「あり」のケースが多いが、支払いなしで交流ありのケースも、支払いありでも交流なしのケースもある。それには独自の事情が絡んでいるであろうが、原則としては、養育費と交流はつながった関係にある、といってよいであろう。

**図表１－９　ウィンクによる養育費調査**

ａ．養育費のとりきめをしたか

| | | |
|---|---|---|
| した | 233 | （77.4%） |
| しない | 68 | （22.6%） |

ｂ．とりきめなかった理由（複数回答）

| | | |
|---|---|---|
| 相手にお金がないと諦めた | 31 | （23.3） |
| とにかく早く別れるため | 29 | （21.8） |
| 自分１人で育ててみせる | 19 | （14.3） |
| 今後も交渉するのが苦痛 | 17 | （12.8） |
| 相手の暴力から逃れたいから | 10 | （7.5） |
| 相手が失踪 | 7 | （5.3） |
| 権利を知らなかった | 3 | （2.3） |
| その他 | 17 | （12.8） |

ｃ．養育費のとりきめ額（１人当たり）

| | | |
|---|---|---|
| 10万円以上 | 4 | （1.7） |
| ８～10万円 | 7 | （3.0） |
| ５～８万円 | 20 | （8.6） |
| ４～５万円 | 47 | （20.2） |
| ３～４万円 | 40 | （17.2） |
| ２～３万円 | 47 | （20.2） |
| １～２万円 | 34 | （14.6） |
| １万円以下 | 34 | （14.6） |

ｄ．支払われない理由

| | | |
|---|---|---|
| 相手にお金がない | 54 | （25.6） |
| 相手が失業 | 11 | （5.2） |
| 相手が収入減 | 10 | （4.7） |
| 子に愛情がない | 48 | （22.7） |
| 自分への嫌がらせ | 24 | （11.4） |
| 相手が再婚した | 18 | （8.5） |
| 子を会わせないから | 8 | （3.8） |
| 金額が不満 | 7 | （3.3） |
| 理由はわからない | 22 | （10.4） |
| その他 | 19 | （9.0） |

注）Wink 編『養育費実態調査　払わない親の本音』５章より湯沢作成

図表１−10　面接交流と養育費支払いの関係（ウィンク調査、2007〜2008年）

| No | 離婚時子の年齢（歳） | 母（父）の年齢（歳） | 面会交流 | 養育費 | | 特別事情 |
|---|---|---|---|---|---|---|
| | | | | とりきめ | 支払いの実際 | |
| 1 | 10 | 40 | なし | なし | なし | 母の不貞から裁判離婚された |
| 2 | 0 | 34 | ５カ月のみ月１回会った。以降なし | 月３万円 | ４年間のみ、のちなし | 母に求められた離婚、母に恋人ができて打ち切り |
| 3 | 3 | 21 | なし | 払わない | なし | ［父が子を引き取り］ |
| 4 | 18、16 | 44 | なし | なし | なし | 子は母の連れ子、1500万円の借金 |
| 5 | 5 | 39 | 月１回の面談、１度もなし | 当面しない | なし | ［父が子を引き取り］ |
| 6 | 7、3 | 41 | よく会っている | なし | あり | 必要なとき渡す |
| 7 | 3、1 | 31 | ほとんどない | なし | なし | 引き取った母は再婚し子は新夫の養子となった |
| 8 | 0 | 37 | 月に２回が約束、実際はなし | なし | 今はなし | 初め２カ月は10万円、その後３万円を払っただけ |
| 9 | 2 | 37 | 合意あればの約束、実際はなし | 月３万円 | 今はなし | １回目だけ払った |
| 10 | 2 | 26 | 一切禁止 | なし | 記念日にプレゼント | |
| 11 | 3、1 | 23 | 年に２回、祖父母は頻繁 | なんとなくした | あり | 初め月８万円、数カ月で不能。その後祖母が５万ないし２万 |
| 12 | 0 | 33 | よくあり | あり | 家賃の額 | ［未婚の母］結婚する気がない |
| 13 | 0 | 28 | ２、３カ月に１回 | なし | 月３万円 | ［未婚の母］子はもう10歳 |
| 14 | 5 | 24 | 会いたい時に会う | なし | 必要時に | |
| | 0 | 34 | 一度も会っていない | 月４万 | 一度もなし | 養育費をとるべく争っている |
| 15 | 11、9、7 | 37 | いつでも可だが１回もなし | 月６万 | ５カ月なし | |
| 16 | 3 | 25 | 一切なし | 月３万 | いまなし | ９カ月間でストップ |
| 17 | 8 | 29 | 月１〜２回、休み期間は泊まり | 月４万 | あり | 父とは「子育て仲間」として協力 |
| 18 | 2 | 29 | １回もなし | 月５万 | あり | 会わないけど感謝してる |
| 19 | 15、13 | 38 | ３〜４年間は泊まりであり、最近はなし | ２人分15万円 | あり | 父は最近死亡 |

注）Wink 編『養育費実態調査　払わない親の本音』２章・３章より湯沢作表

**離婚に関係する制度の改正**

２０００年代に入ると、離婚に関係した細かい制度がかなり改正された。10年間でこれだけ多く改正されたことは珍しいことである。

平成16（２００４）年1月、離婚訴訟の第一審は長らく地方裁判所の職務であったが、これを家庭裁判所で扱えるようになった（人事訴訟法改正）。裁判所を替える不便さがなくなっただけでなく、離婚と密接に関連する申し立て（親権者指定や養育費など）についても、調査官の調査結果なども活用できるというメリットをもたらした。

また同時に「和解離婚」と「認諾離婚」という二つの方法も新設され、「協議離婚」「調停離婚」「審判離婚」「判決離婚」と合わせて、離婚の種類が6種にもなった。

平成19（２００７）年4月、離婚時年金分割制度が施行された（平成16年、年金法改正）。平成19年4月1日以降の離婚について合意または裁判で最大2分の1を上限に、平成20年4月以降に第3号被保険者である期間については、当然に2分の1の分割が認められるようになった。

平成24（２０１２）年4月、民法７６６条の中に、それまでにはなかった「面会交流」および「養育費の分担」のことが「父母は子の利益を最も優先して考慮しなければならない」の文言とともに明文化された。

平成25（２０１３）年1月、家庭裁判所の処理手続きを定めた「家事審判法」（昭和22〈１９４７〉年成立）が「家事事件手続法」に改訂施行された。

平成25年４月、市区町村役場へ提出する「離婚届」の書式が改訂された。「親子の面接方法のとりきめ」「養育費の分担のとりきめ」の有無についてチェックする欄を設けた（ただし未記入でも提出は可）。

## ４　出産をめぐる全体動向

### 出生数と出生率は低下続く

平成元（１９８９）年の出生数は１２４万７０００人あったが、その後は毎年のように減少を続け、平成24（２０１２）年には１０３万７０００人になった。

平成23年の普通出生率（人口１０００人対）も８・22で、出生数、出生率ともに人口動態統計史上（明治32〈１８９９〉年以降）最低を記録したが、合計特殊出生率（15歳から49歳までの女性の年齢別出生率を合計したもので、１人の女性がその年次の年齢別出生率で一生の間に子どもを産むと仮定したときの平均子ども数）は１・39で、平成17年の１・26より向上した。

合計特殊出生率は、第一次ベビーブーム期の昭和22（１９４７）年から昭和24年までは４を超えていたが、その後急激に低下し昭和32年には２・04となり、人口置き換え水準２・07（人口が将来、親の世代と同数で、増減をしない大きさを表す指標）を下回った。第二次ベビーブーム期の昭和48（１９７３）年

**図表1－11　完結出生児数の推移**

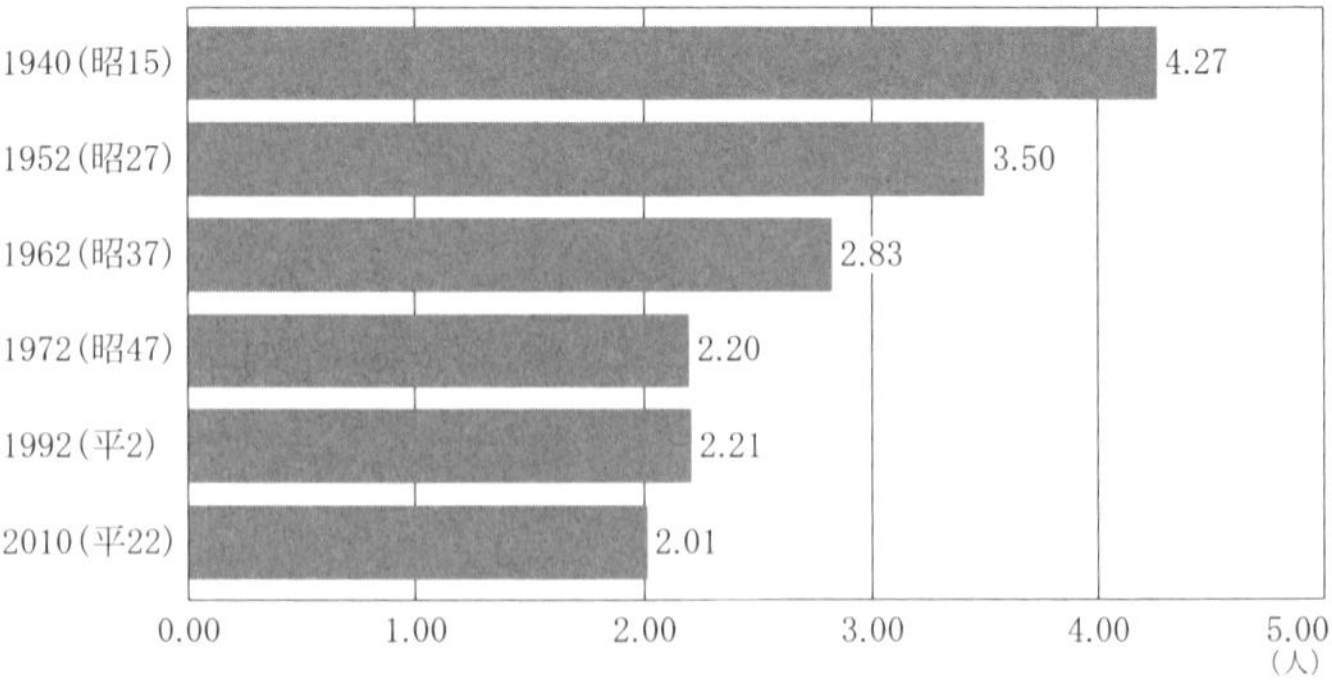


注）国立社会保障・人口問題研究所「わが国夫婦の結婚過程と出生力」

に2・14を記録したのを最後に低下の一途をたどった。合計特殊出生率の低下には、20代の出生率の低下と若年未婚者の増加が、大きな影響を与えている。

欧米諸国では、平成7（1995）年以降は上昇傾向を示し、最近、日本より低いのはドイツ、スペインとハンガリーのみである。

## 夫婦当たりの子の数は変わらず

合計特殊出生率が1・39（平成23年）になったというと、「近頃の夫婦は1人半も子を産まないのか」と受け取る日本人が多いかもしれないが、それは大きな間違いである。ある程度婚姻期間が続いている夫婦は、**図表1－11**に明らかなように、平成22年でも平均して2・01人を出産している。出生率が低下していることと出産の実情とは直接関係はないのである。

では、なぜこのような食い違いが起こるのだろうか。

合計特殊出生率とは、前述のとおり15歳から49歳までの日本人女性全員についての出生傾向を加算した、いわば仮定の数値なのであって、高校生や未婚ＯＬや未亡人など、出産に結びつきにくい女性もすべて含んでいるから、これら無配偶者が多くなればなるほど出生率は下がるのである。

他方、夫婦であっても、結婚後しばらくは子どもがないか、子は１人きりであることが多い。意図的に出産を遅らせている夫婦も多い。しかし、結婚から15年を経過すると追加出生がほとんどないので、結婚後15〜19年たった夫婦の平均出生児数を「完結出生児数」と呼ぶのである。

その結果を示す**図表1－11**のように、１９７０年代前半に２・２人になって以降安定し、40年間も変わっていない。平成17（２００５）年以降わずかに低下したが２人を保っている。ただ同年には、子ども０人と１人がわずかに増え、その分３人が少し減少した。しかし二人っ子志向は変わっていない。出生児数は、結婚形態や妻の最終学歴などでは大きな差が見られない。ただ、夫が農林漁業では高く、ホワイトカラー層では低い傾向にある。

## 晩婚化と出産しない理由

日本女性の平均初婚年齢は、１９６０年代には24歳であったが、平成２（１９９０）年には26歳へ、平成24（２０１２）年には29・２歳にまで上昇してきた。いわゆる晩婚化であるが、これは子の数に影響する。初婚年齢が高いと第一子出産までの期間も出産の間隔も長くなる傾向がある。

平成17（２００５）年に実施された調査によると、恋愛結婚では見合結婚に比べて結婚から第一子出生までの期間が長い。また都市的な地域ほど長い。妻の学歴別で見ると、高卒で第一子出生までの間隔が短く、大卒で長い。夫の職業で見ると、夫がホワイトカラーの場合、ブルーカラーや農業に比べて長い。今後もこれらの傾向が継続するとすれば、これから結婚する夫婦で少産化、少子化につながる可能性が高いと推定される。

では、なぜ理想と考えている子ども数（2・5人）を持とうとしないのだろうか。全体としては「お金がかかりすぎるから」66％、「高年齢で生むのはいや」38％が二大理由で、調査ごとに経済的理由を挙げる者の割合が増加している。「高年齢」を挙げるのは30代後半以上だが、30代前半には「心理的・肉体的負担」を挙げる者がそれ以上に多くいる。20代では「家が狭い」が多く挙がるが、「仕事に差し支える」もある。総務省の別の調査では、「子育ては楽しい」と思う妻が21％しかいないことを伝えている。アメリカは68％もいるのだから、この違いは大きい。

**非嫡出子と中絶数**

法律上、正式に届け出された結婚以外から生まれた子どもは「嫡出でない子」とされて「嫡出子」とは区別される。この非嫡出子の全出生子数中での割合は、１２０年の間に大きく変動してきた。明治中期では６％程度であったが、明治31（１８９８）年に民法が施行されたことが、私生子（非嫡出子）の数と割合を飛躍的に増加させ10％近くになった。親の同意、戸主の同意、婚姻適齢などの要件ができたほか、「足入れ婚」の風習もあって内縁になりやすく、生まれた子どもは非嫡出子になることが多くなったためである。

図表1－12　非嫡出子割合の国際比較（全出生数に対する比率）

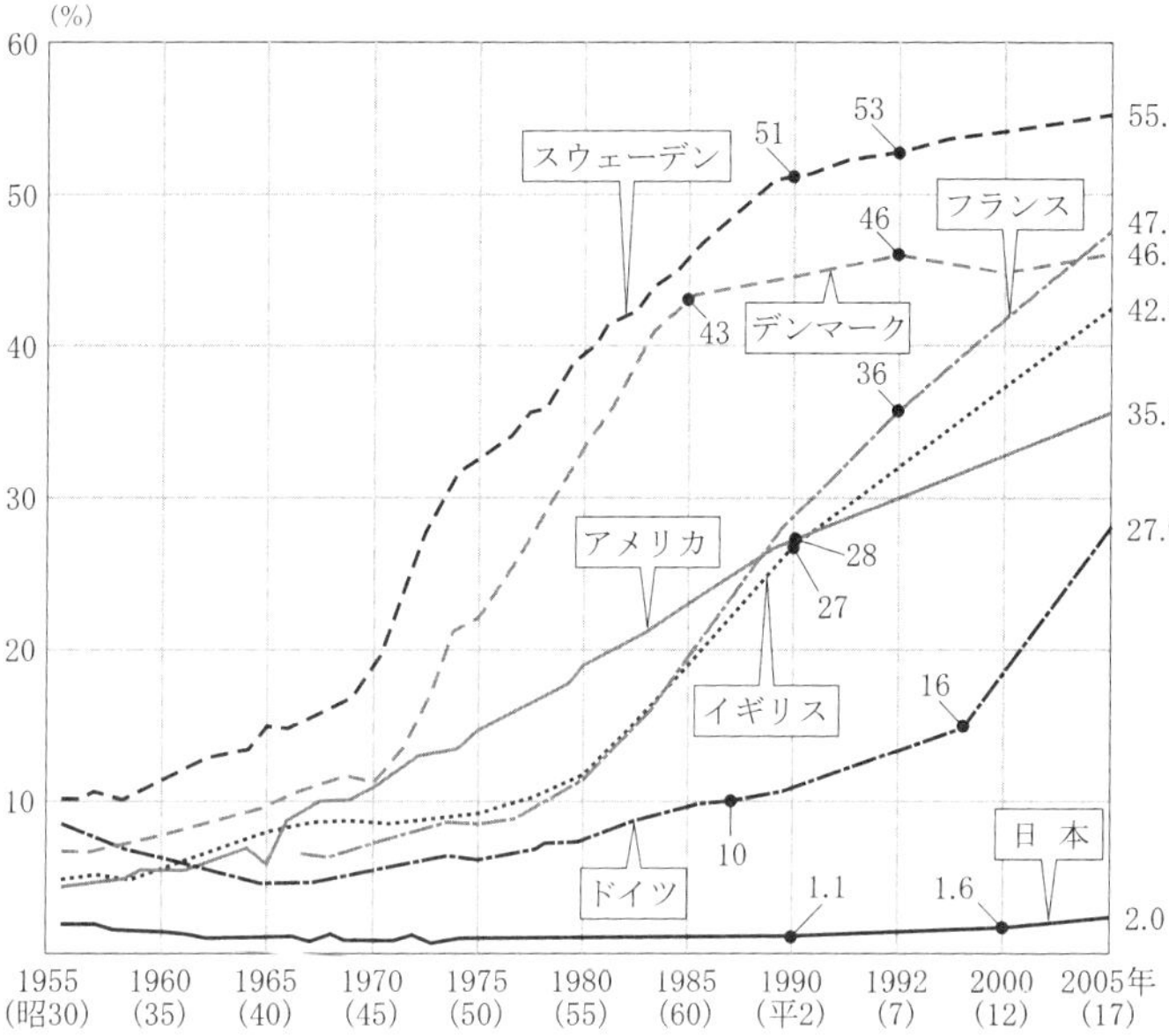


注）UN., *Demographic Yearbook* および European Communities, *Eurostat Yearbo*

図表1－13　人工妊娠中絶数と対出生比

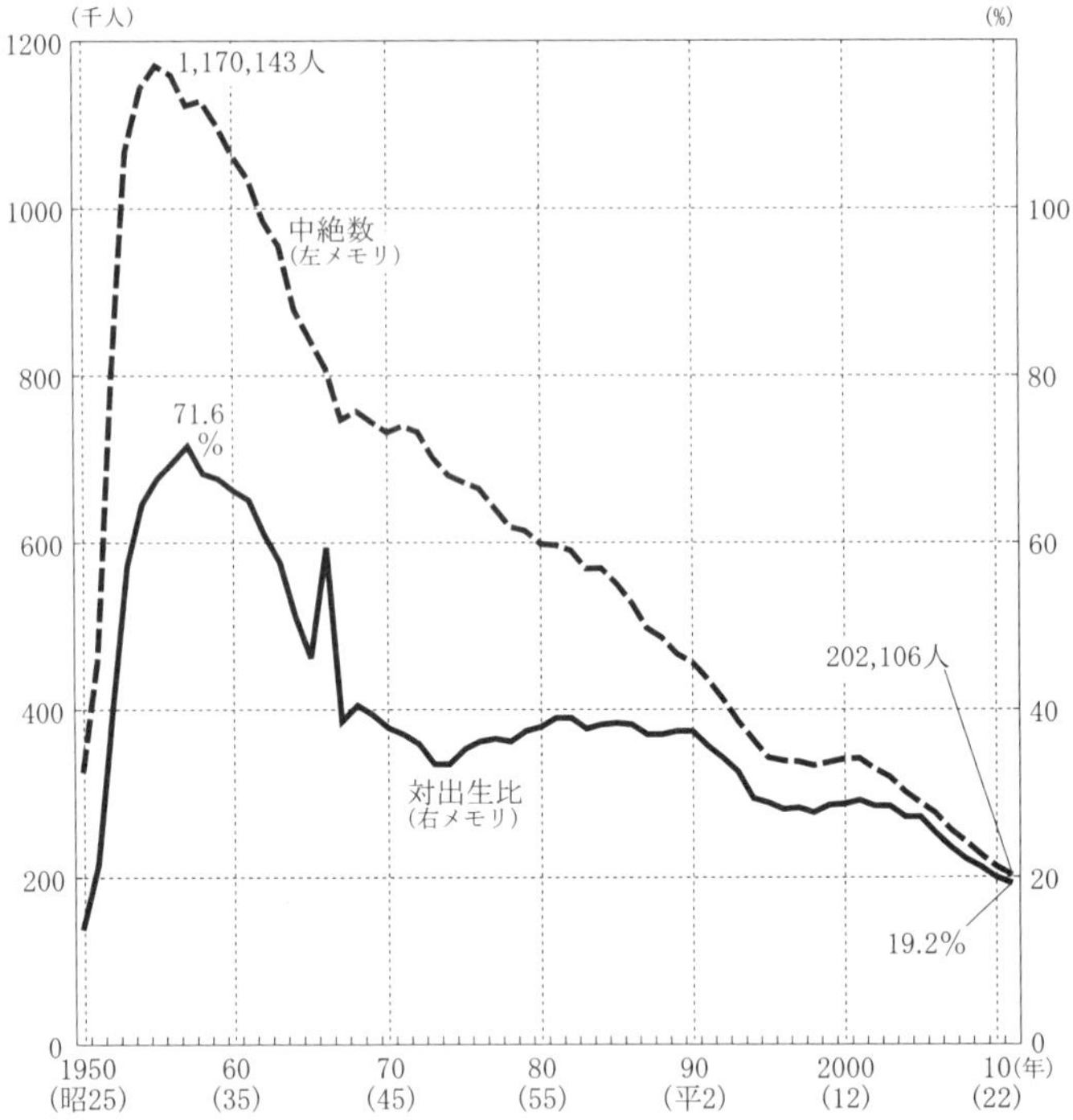


注）国立社会保障・人口問題研究所「人口の動向」(2013年)

大正半ばから漸減をはじめ、とくに第二次大戦後は急減し、最近では明治後期の5分の1にすぎない。この側面は、欧米先進国と異なる日本家族の特色の一つである。ただし平成10（1998）年頃から少しずつ増え、平成23（2011）年には2・2％になっている。

しかし、欧米諸国ではこの50年間急速に増加した。3人に1人、あるいは2人に1人の子どもは正式結婚以外の男女から生まれてくるという事実は、婚姻制度を遵守しないで出産するペアがそれだけ存在するということである。「結婚という2人だけの行動になぜ法が介入し、役所へ行って挙式したり教会へ出席して祈らなければならないのか」といった疑問を抱く若者が多いからだ。しかし、多くの親は未婚の夫婦ではなくて事実上結婚している父母である。ローンの信用払いや子に対する法的権利を考えて、デンマークの知人から聞いたところでは、第一子出産後は結婚登録して正式婚に入るペアが多いので、第二子以下は最初から嫡出子になっているようだ（**図表1－12**）。

日本での人工妊娠中絶は、数も割合も非常に減ってきた。1950年代後半には報告されたものだけでも年間100万件を超え、出生数に対する割合も60％を超えていたが、平成23（2011）年には、20万2000件、19・2％にまで減少した。他国に比べても少ないほうで、避妊行為が浸透してきたことがうかがわれる。晩婚化の影響も大きい（**図表1－13**）。

## 生殖医療の発展

この30年間の大きな話題として、「生殖医療」がある。配偶者間の人工受精も多くなり、また、非配偶者間の体外受精（昭和53〈1983〉年〜平成12〈2000〉年の間で計5万人以上）や代理母など生殖医療の発展から、これまでになかったタイプの出産が相次ぐようになった。平成17（2005）年には、生殖医療による出生数は1万9000人を超え、同年出生数の1・8％に達した。この技術が特別なものではなくなってきた。しかし同時に、親子の認定も国籍の決定も難しいものになってきた。

タレント向井亜紀と元プロレスラー高田延彦の夫婦がアメリカ女性に代理出産を依頼して双子が生まれたが、出生届が受理されないので訴訟になった。平成18（2006）年に東京高裁は受理の認定を下したが国から控訴され、翌平成19年に最高裁小法廷はこの夫婦と双子の親子関係を認められないとの決定を出した。政府は日本学術会議に検討を依頼したが、同会議も、代理出産は原則禁止、立法による新たな規制が必要との報告書を出した。しかしその後も立法化は進んでいない。

# 2章　家庭裁判所事件の動きから

## 1　家事事件の大勢

家庭裁判所の仕事は、大別して「家事事件」と非行少年を扱う「少年事件」の二つに分かれるが、ここでは、家族の紛争や承認問題を扱う家事事件がどう推移してきたかを扱う（平成25〈2013〉年11月までに統計が公表されている平成24年度までを中心とする）。

家事事件は扱う手続き上の違いから、家族・親族間の争いごとを内容とする「調停事件」と、国の承認を要する「審判事件」（後見人選任、子の氏変更、相続放棄など50種以上ある）と、平成16（2004）年から始められた「人事訴訟事件」（調停不成立の事件を家裁で離婚等の裁判を行う）の3種に大別される。

各年の新受件数（受け付けた件数）から見ると、**図表1-14**のグラフで明らかなように、事件総数は、昭和末期の62（1987）年から平成初期の4（1992）年までの6年間にやや減少したものの、平成5（1993）年には昭和61（1986）年の件数に戻り、その後は増加の一途をたどって平成24

（2012）年に至っている。それはほとんど審判事件数の増減に対応している。調停事件数も、平成元年以降ほぼ毎年増加を続けていたが、平成16年からやや減少し、平成21（2009）年からは再び増加している。

全体として平成年間の動きを見れば、審判事件は元年の約25万件から24年の約67万件へ2・7倍も増加し、調停事件は元年の約8・5万件から24年の14万2000件まで1・7倍も増加している。もっともこの間に総人口も700万人ほど増加し、成人人口比も1割強増加しているが、総人口当たりの件数比を見ると、審判は、0・26%から0・49%、調停は0・07%から0・11%へと、やはり増加していることがわかる（図表1－14）。家庭裁判所を利用する人々は、平成の24年間のうちに件数としては2倍前後、割合としては5割以上も増加してきたことがまず特色の一つになる。調停事件として表出される家族紛争も、審判事件として国の承認を求める手続き利用者もたしかに増してきたといわざるをえない。

なお、平成16年に地裁から移管した家裁の人事訴訟事件（離婚訴訟が大半）は、ずっと年約1万1000件前後を維持していて、変動が少ない。

同時にこれは、人事訴訟法の改正を伴って、離婚の種類が二つ増えた。裁判所を代えなくてすみ、調停での調査も活用できるメリットもできたのである。

その一つは「和解離婚」で、離婚の訴えを提起したあとで、判決を待たずに夫婦間に合意が成立した場合、和解調書にその旨が記載されると、確定判決と同じようにその時点で離婚が有効に成立する。和解離婚事件数は、平成16年で1341件、平成23（2011）年は3478件と増加している。もう一

図表１－14　家事事件の新受件数の推移

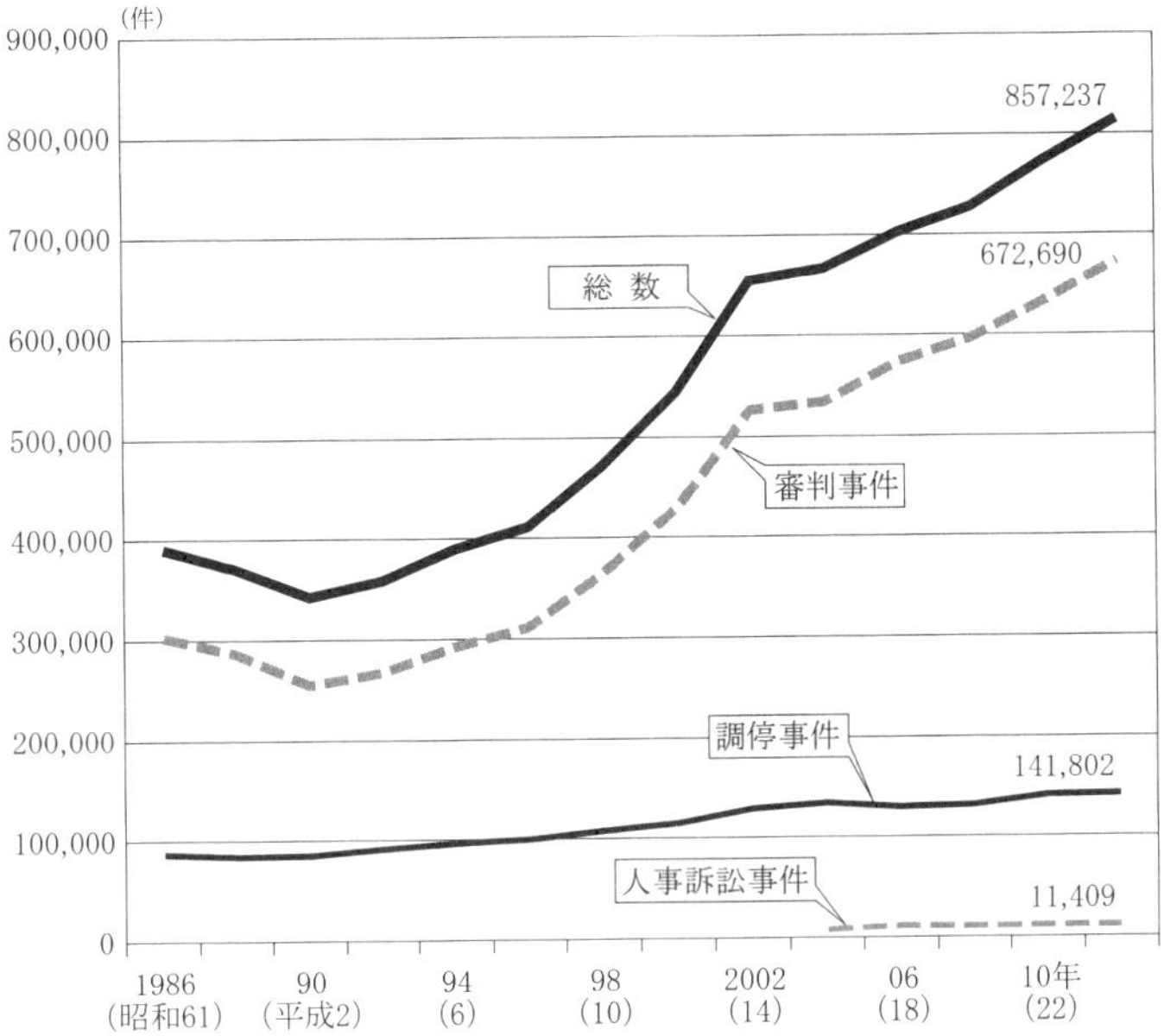


注）最高裁『司法統計年報・家事編』各年版

つは「認諾離婚」である。離婚の訴えを提起している最中に、訴えを提起された側が提起した側の言い分を全面的に受け入れる場合、調書にその旨（離婚請求の承諾）を記載することによって離婚が成立する。だが認諾離婚の件数は、平成16年が14件、平成23年は24件ときわめて少ない。

## 2　審判事件の動向

では、審判事件のうち、どのような種類が増減したのか。簡単に見るために、昭和60（1985）年と平成22（2010）年という25年間をへだてた数値を比較してみる（**図表1-15**）。

第一に目立つのは、「成年後見制度」に関連する項目事件の伸びが大きい。同制度は平成12（2000）年度に発足したものである。これは、判断能力が衰えた中高年者の財産や生活を守る法的対応の一つで、主に高齢の知的障害者または精神障害者を対象とする。明治民法以来の「禁治産」宣告、「準禁治産」宣告の付随制度としてあった後見制度を大きく改めたものである。

**図表1-15**の中では、甲1、甲2、甲2の2、甲20、甲21などの項目がそれに当たる。昭和60年にも明治民法からの従来の制度があったが、利用は少なかった。それが新制度の発足により「後見」や「保佐」の件数だけでも、計毎年1万件から3万件を超えるほど多数になってきたので、関連する保佐開始や報酬付与、監督処分などの事件も増加したのである。

第一種の「補助」の対象は、軽度の精神障害者である。日常生活は何とか送れるが、必要ない高額の

**図表1－15　主要な甲類審判事件数の種類別比較**

| 事件 | 昭和60年(1985) | 平成22(2010) |
|---|---|---|
| **甲類審判事件** | **297,148** | **614,823** |
| 後見開始の審判及びその取消し（甲１） | 937 | 25,016 |
| 保佐開始の審判・取消しなど（甲２） | 526 | 7,915 |
| 補助開始の審判・取消しなど（甲２の２） | … | 3,450 |
| 不在者の財産の管理に関する処分（甲３） | 3,879 | 8,769 |
| 子の氏の変更についての許可（甲６） | 137,132 | 186,206 |
| 養子をするについての許可（甲７） | 3,244 | 1,239 |
| 特別養子縁組の成立及びその離縁に関する処分（甲８の２） | … | 426 |
| 特別代理人の選任（利益相反行為）（甲10） | 16,105 | 11,907 |
| 後見人等の選任（甲14） | 5,548 | 6,847 |
| 後見人等の辞任（甲15） | 159 | 1,824 |
| 後見人等の解任（甲16） | 57 | 480 |
| 居住用不動産の処分についての許可（甲19） | … | 4,418 |
| 後見人等に対する報酬の付与（甲20） | 37 | 26,099 |
| 後見等監督処分（甲21） | 423 | 46,218 |
| 相続の承認又は放棄の期間の伸長（甲24） | 835 | 6,150 |
| 相続の放棄の申述の受理（甲29） | 46,227 | 160,293 |
| 相続財産管理人選任等（相続人不分明）（甲32） | 2,567 | 14,069 |
| 遺言書の検認（甲34） | 3,301 | 14,996 |
| 遺言執行者の選任（甲35） | 887 | 2,144 |
| 任意後見契約に関する法律関係 | … | 1,498 |
| 戸籍法による氏の変更についての許可 | 3,889 | 15,215 |
| 戸籍法による名の変更についての許可 | 9,362 | 7,289 |
| 戸籍の訂正についての許可 | 2,081 | 1,008 |
| 性同一障害者の性別の取扱いの特例に関する法律３条１項の事件 | … | 537 |
| 児童福祉法28条１項の事件 | 12 | 237 |
| 児童福祉法28条２項の事件 | … | 129 |
| 精神保健及び精神障害者福祉に関する法律20条２項の事件 | 53,102 | 50,112 |

注）最高裁『司法統計年報・家事編』昭和60年、平成22年版

商品を買わされてしまうような人である。定められた補助人は本人の行為を取り消せる。第二種の「保佐」は以前の禁治産段階に対応し、精神の働きが著しく困難な者が対象である。しかし中心は第三種の「後見」で、精神障害のため、是非善悪を弁別できない者（高度の認知症）が対象となる。

家庭裁判所の統計によると、「補助」の件数は少ないが、「後見開始」は申立件数だけでも平成12（2000）年度の7451件から平成22年度の2万5016件まで3倍以上も増加している。これは平成11年度の禁治産申立件数の10倍ほどの多さで、平成24（2012）年までに認定された成年後見人の累計は約20万人に達している。高齢化の時代にマッチした制度だったのである。

第二に目立つのは、相続に関係する事件である。「相続放棄」は1990年代までは1950年代の4分の1にまで減少を続けていたが、ローン負債問題増加のためか平成期に入って再び増加に転じた。平成22年は25年前の3・5倍もある。遺言関係の事件もずっと増加を続けて、2010年には1970年代の10倍以上にもなった。「遺言書検認」が中心だが、それだけ遺言を残す人ならびに遺言を適法に処理しようとする家族が増えてきたということであろう。「相続の承認・放棄の期間伸長」「遺言執行者の選任」「居住用不動産処分の許可」「相続財産管理人選任等」の増加とともに、相続問題への関心は高まってきた。

第三に、「子の氏の変更許可」も4割近く増えている。子の氏とは子の名字のことだが、親の離婚によって母親に引き取られた子が母と氏が異なる場合や、母の再婚によって母の新しい氏に合致させたい場合などに必要となる審判である。親の離婚・再婚が増加してきたことの反映である。

第四に、「戸籍法による氏の変更」が4倍も増えたことも注目される。これは婚姻の成立・解消に伴うもののほか、婚姻とは無関係に氏を変えたいとするものでもあり、外国人であった者が多いと思われる。

他方、この25年間に件数が大きく減少したものは、「養子（家裁の許可を要する未成年者の普通養子）の許可」で、平成22年は25年前の4割程度になった。全体として子ども数の減少もあるが、貧困に苦しむ子が減少したことが大きいであろう。そのほか「戸籍法による名の変更」「戸籍訂正」などだが、事件の種類としては多くない。

## 3　調停事件の動向

### 事件数の増減

調停は、乙類と乙類以外に二大別される。簡単にいえば、乙類とは調停不成立の場合、自動的に審判に移行して裁判所の判断を受けることになる事件であり、乙類以外とは、調停不成立の場合には、それで終了かもしくは人事訴訟手続きに移る種類の事件をいう（図表1－16）。

実際には、乙類以外の調停事件のほうが多く、とくにその7～8割を占めている「婚姻中の夫婦間の事件」（9割までは離婚を争う事件）の数によって全体の数が左右されていた。昭和60（1985）年の4

万4000件から、平成15（2003）年の6万3000件まで増加の一途をたどっていたが、平成16年からは減少を始め、5万件半ばを横ばいしてさらに低下している。これは平成15年以降、全体としての離婚総数が減少していることの反映である。

代わってこの30年間にめざましく増えているのは「子の監護の指定」の乙類調停事件である。昭和60（1985）年には7855件であったものが平成22（2010）年には2万8180件と増加した。離婚前後に夫婦が子の引き取りとその費用をめぐって激しく争うもので、子どもが現代の離婚紛争で大きな焦点になっていることを物語る。他方「扶養に関する処分」事件（大部分、老人扶養のこと）は激減し、「夫婦同居・協力扶助」も事件名としてはほとんど使われなくなってきた。夫婦の同居は必然的なものではなくなってきたようである。

「婚姻外の男女間の事件」も非常に減少し（平成24年には455件）、婚約破棄や内縁解消はあまり問題とされなくなってきている。

乙類事件で注目されるのは、「婚姻費用の分担」（一般には「生活費」と呼ばれるもの）で、昭和後期には少なかったものが、平成13（2001）年頃から急増して1万4000件を超えている。不景気が続いて、夫婦間においても毎月の生活費の配分が重要な事項となっているのである。なお、乙類調停事件でも「遺産分割に関する処分」が昭和末期に比べて平成期に倍増しているのは、審判の場合と同じ理由による。

**図表1－16　主要な乙類審判・乙類調停・乙類以外の調停事件数の種類別比較**

| 事件 | 昭和60年（1985） | 平成22（2010） |
|---|---|---|
| **乙類審判事件** | **7,229** | **18,514** |
| 婚姻費用の分担（乙３） | 435 | 2,642 |
| 子の監護者の指定その他の処分（乙４） | 874 | 6,733 |
| 財産の分与に関する処分（乙５） | 182 | 395 |
| 親権者の指定または変更（乙７） | 2,991 | 2,343 |
| 扶養に関する処分（乙８） | 1,339 | 1,395 |
| 寄与分を定める処分（乙９の２） | 168 | 600 |
| 遺産の分割に関する処分（乙10） | 1,035 | 2,125 |
| 請求すべき按分割合に関する処分 | … | 1,944 |
| **調停事件総数** | **85,035** | **140,557** |
| **乙類調停事件** | **26,434** | **67,034** |
| 婚姻費用の分担（乙３） | 1,739 | 14,222 |
| 子の監護者の指定その他の処分（乙４） | 7,855 | 28,180 |
| 財産の分与に関する処分（乙５） | 804 | 1,500 |
| 親権者の指定または変更（乙７） | 8,457 | 8,501 |
| 扶養に関する処分（乙８） | 1,906 | 688 |
| 寄与分を定める処分（乙９の２） | 154 | 767 |
| 遺産の分割に関する処分（乙10） | 5,141 | 11,472 |
| 請求すべき按分割合に関する処分 | … | 1,238 |
| **乙類以外の調停事件** | 58,601 | 73,523 |
| 婚姻中の夫婦間の事件 | 43,853 | 57,362 |
| 婚姻外の男女間の事件 | 1,438 | 507 |
| 離婚その他男女関係解消に基づく慰謝料 | 1,587 | 1,095 |
| 親族間の紛争 | 2,577 | 3,002 |
| 家審法23条に掲げる事項 | 4,373 | 4,353 |
| 離縁 | 1,381 | 1,378 |
| その他 | 3,392 | 5,826 |

注）最高裁『司法統計年報・家事編』昭和60年、平成22年版

### 婚姻中の夫婦間事件の取り扱い

さて、数の上からも内容から見ても調停事件の中心を占めるのは「婚姻中の夫婦間の事件」なので、以下で詳しく取り上げてみる。

この中には、「円満調整」「別居」を求めるケースも1割程度含まれているが、大部分は「離婚」を求めるケースなので、ほとんどが「離婚事件」といってよい。もっとも現代日本の離婚には、調停離婚以外の方法が5種類もあって、調停で離婚するのは全体の1割程度である（家裁に持ち込まれる事件数はこの2倍程度あるが）。

戦後民法成立後の推移を見ると、夫婦双方の合意のみで成立する協議離婚の割合は昭和23（1948）年の98・2％をピークとして以後減少し、代わって家庭裁判所での調停離婚の割合が徐々に増加してきた。これは裁判所の介入によって、種々の条件及び自己の主張に沿った妥当性のある解決を求めるものが多くなったことを示すものといえよう。しかし全体の大勢としては、ほぼ9割を占める協議離婚の優位は今なお動いていない（平成23〈2011〉年でも87・4％）。

家裁に申し立てを起こすのは、夫婦どちらが多いのか。この60年間、夫3・妻7という割合はほとんど動いていない。妻の地位が向上した最近になって、妻の申し立てが多くなったと思っている人が多いが、協議のほかには判決を得るしかなかった戦前の時代でも、離婚訴訟を起こすものは、妻のほうがずっと多くいたのである。

家裁では、一つの事件について、裁判官1人と男女調停委員各1人の計3人が委員会を作って調停に当たる。平均すれば、3～4回の期日を開き、約4カ月で終了する形はずっと変わっていない。その結果を平成22（2010）年について見ると、調停成立＝51・7％、調停不成立＝20・8％、取り下げ＝25・2％、その他＝2・2％であって、この割合も大きく見れば動いていない。

なお、申し立てから終了するまでの長さ、すなわち「審理期間」はどうであろうか。

乙類以外の調停事件の既済分について見ると、平成13（2001）年から平成22年の10年間に、平均して4・1カ月から4・3カ月へわずかながらも長くなっている。しかしその程度は大きなものではない。だが、ほぼ半世紀前の昭和35（1960）年は3・6カ月、昭和44（1969）年は3・3カ月で済んでいたのだから、やはり期間の2割前後は長くなっている。委員会の能力に変わりないとすると、解決困難なケースがそれだけ増えていると見てよさそうである。

ただ、当事者の意識や委員会の対応などには多少の動きが見られるようで、その様子を、南関東のある家裁で昭和62（1987）年から平成23年度まで25年間も調停委員を務めた池田秀子は**図表1－17**のようにまとめている。池田は、延べ900件近くものケースを担当した方である。

なお、国全体としての離婚総数と離婚率は平成16（2004）年以降ずっと減少を続けているにもかかわらず、家裁にかかる「婚姻中の夫婦間の事件」数は平成16年から18年まで1割程度減少したものの平成19（2007）年以降は横ばいしており、これに「子の監護に関する処分」と「婚姻費用分担」を加えた夫婦間紛争は、平成18年以降かえって年々増加していることが注目される。家事事件統計で見る

図表１－17　25年間の離婚調停事件の内容の変化

| 昭和60年代（1980年代後半） | 平成22年頃（2010年前後） |
|---|---|
| **親権者指定**<br>拡大家族のケースでも、核家族で専業主婦のケースの場合でも、親権は夫に決まる例がかなりあった（妻が親権者になるには経済的に不十分だった）。 | 核家族世帯が多くなり、夫が親権者になると子どもの世話ができない。妻は職業を持つようになり収入があり、また、母子手当、生活保護手当等、国の援助が増えてきたので、親権者は妻になることが多くなった。 |
| **養育費**<br>離婚に合意的でない夫は、復縁目的の嫌がらせや兵糧攻めの目的で、養育費不払いを主張したり、額の折り合いをしなかった。調停回数が増したり調査官関与の調整などでよく紛糾した。 | 家裁が作成した「養育費算定表」ができて、皆の知るところとなったため、養育費を支払うことが当たり前のこととなった。また、額に対する争いが長引かなくなった（しかし実行率については、比例してはいないようだ）。 |
| **面会交流**<br>親の離婚により、親と離れて暮らす子との面会交流は、子どもの心を混乱させる、里ごころがついて現状況での育てにくさを増す要因となるなどと考えられて、面会させない考え方が多かった（育てる側の都合優先）。 | 家裁にも当事者にも、子どもの心を中心に考える風潮が出てきた。子どもの心にとって、父と母は大切な変わらない存在であるとの考え方になってきた。親の離婚後も積極的に面会交流を考える方向になりつつある。母が親権者になる場合が多いため、父親から面会交流を求めるケースが増している。 |
| **DV 事件申し立て**<br>妻側の離婚申し立ての内容には、DV（夫の暴力）のケースも多々見られたが、DV即離婚の方程式はなかった。妻の言い分を十分に聴いたあとに、夫がDVに至らない方法等を、調停委員とともに考えた。（夫を刺激するような言葉は、慎重に使用するなど）夫、妻互いの言い分を十分聞いたあとに、円満取り下げか訴訟移行かで終わっていた。 | 妻はシェルター（避難施設）に逃げ込んだあとに、離婚申し立てをする。調停の場にシェルターの職員が同伴してくる。裁判所側も夫、妻が互いに顔を合わせないようにとの配慮をする。円満取り下げはなく、離婚成立または訴訟移行で終了するケースが多くなった。 |
| **不倫事件**<br>夫側の不倫が原因で妻からの離婚申し立てが多かった。夫側は、離婚までは考えてはいない不倫が多い。妻から不倫相手者を相手とする慰謝料請求がよくあった。 | 妻の不倫が原因での申し立てが増えてきた。女性も社会に出て働く時代になり自分の人生を託す相手として現夫は不満、妻から配偶者を変えたいと申し立てするケースも目立つ。経済力のある妻からは、子どもを引き取り離婚を求める。夫婦関係破綻後の不倫については調停席上でも有責性を問わない傾向になってきた。 |

注）池田秀子のメモによる

限り、家裁にかかる激しい夫婦間の争いは、平成18年以降増してきたということになろう。

## 4　離婚の申し立て動機の変動

### 初期のとらえ方

家庭裁判所に離婚調停を申し立てる夫または妻は、一体どのような動機（理由もしくは原因といってもよい）からするのだろうか。

これは家裁制度発足当初から、関係者には大きな関心を持たれていた。

東京家裁では、大浜英子（新聞の人生相談担当者として有名人であった）を中心とする調停委員のグループが、昭和24（1949）年前半6カ月間の記録を分析した結果を公表している。これは東京本庁だけ（東京都にはほかに八王子支部があり、23区以外の事件を管轄していた）の局地的な考察であったが、分類項目に特色があり、当時の調停委員の関心がよく示されている。参考までに紹介しておこう。たとえば、「夫（妻）の親から離婚をせまる」「夫に情婦または妾がある」「性病（性的異常を含む）あり」「一方的（強制的）に離婚届を出した」「悪意の遺棄」など、以後には見られない分類表現がある。全体としては、異性関係、性格不一致、夫の虐待が多いのだが、「相手の親から離婚を迫られた」も22％あって4番目に多いとしている。[3]

その後は最高裁判所家庭局が無料の申立用紙を統一して作成し、その一部に申し立て理由をチェックさせた書類を集計するようになった。

しかし、その方式や項目は、昭和27（1952）年度、32年度、35年度と3回も変更されたので、長期間連続した変化を見ることができない。

**昭和40年改定**

昭和40（1965）年に大幅に改定され、昭和41年度から使われるようになった申立用紙の様式は、平成26年現在まで継続されている。

まず「申立ての理由」を「申立ての動機」に改めた。項目を14種に整理し、申立人・相手方のどちら側の問題かは問わないことにした。大部分の項目は、「相手がそうだ」とする場合がほとんどであろうが、「異性関係」や「病気」などは自分自身が該当するケースも（1〜2割程度）ありうる。申立人はこの14項目中3つまでチェックしてよいとした（現実には、平均して夫は2・0項目、妻は2・2項目を挙げている。平成23〈2011〉年）。この改定では、その以前にはあった、不妊、犯罪、欺罔《ぎもう》（だますこと）などの項目は廃止し、虐待、遺棄、尊属などはやさしい表現に変え、「性的不調和」「異常性格」を新設した。

この方式はその後50年近くも継続して使われてきたので、時系列による長期比較が可能になった。この記入者数は、昭和41年には2万5000件（これはその年の離婚総件数の31％）、最近の平成24

（2012）年では約6万8000件（同29%）という大きな数である。結局、平成24年までの47年間では全国に及ぶ200万人近くが対象となっている大調査で、夫婦紛争意識の基本的な実証資料となりうるものである。日本はもちろん、おそらく諸外国にも例のない貴重な統計といえるであろう。

以下、各項目数値を申立人数で割って100倍した数（たとえば、夫申立人中「異性関係」を挙げた者が17・1%あったなど）を基本として考えてみる。

## 主な結果

まず、昭和41（1966）年から平成18（2006）年までの41年間の変動を10年おきに、そして最近の平成23（2011）年を加え、夫・妻の申し立てごとに分析した結果をまとめたものが**図表1-18**である。

戦後昭和の真ん中といえる昭和41年では、夫の申し立てでは「性格が合わない」がトップで53%を占め、「（妻が大部分の）異性関係」が25%、「家族・親族と折り合いが悪い」（舅・姑・小姑などの親族を含む）が19%でこれに次いでいた。

それが45年後の平成23（2011）年には「異性関係」や「家族・親族と折り合いが悪い」は少し減少し、「家庭を捨てて省みない」「同居に応じない」も大きく減少した。代わって「性的不調和」「精神的に虐待する」が大きく増加し、「異常性格」「性格が合わない」も少し増加した。

妻の申し立てでは、昭和41年には「異性関係」「暴力を振るう」「性格が合わない」「家庭を捨てて省みない」がそれぞれ20%を超えていたが、平成23年には「異性関係」と「家庭を捨てて省みない」が減少した。平成23年では、「性的不調和」が4倍近くも増え、「精神的に虐待する」「性格が合わない」「異常性格」も増加した。

これを倍率だけとって、もっとわかりやすく表現したのが図表1－18の「1966に対する2011の割合」である。平成23年の値は、46年前の何倍になって（1を割るものは減少）いるかである。

| | 妻の申し立て | | | | | | |
|---|---|---|---|---|---|---|---|
| | 昭41年 1966 | 昭51 1976 | 昭61 1986 | 平8 1996 | 平18 2006 | 平23 2011 | 1966に対する2011の割合 |
| | 28.4 | 37.4 | 45.4 | 46.6 | 44.3 | 43.6 | 1.53 |
| | 34.5 | 33.1 | 31.4 | 29.3 | 26.1 | 23.4 | 0.68 |
| | 29.8 | 37.8 | 35.9 | 31.3 | 28.7 | 28.8 | 0.97 |
| | 18.0 | 17.6 | 16.1 | 11.9 | 9.0 | 8.6 | 0.48 |
| | 2.1 | 4.5 | 5.0 | 5.9 | 9.8 | 8.6 | 4.10 |
| | 13.8 | 14.8 | 16.4 | 17.7 | 16.5 | 14.1 | 1.02 |
| | 6.4 | 8.9 | 9.2 | 8.7 | 8.9 | 9.0 | 1.41 |
| | 2.5 | 2.3 | 1.9 | 1.6 | 2.2 | 2.4 | 0.96 |
| | 11.3 | 16.6 | 18.3 | 19.7 | 24.4 | 24.6 | 2.18 |
| | 20.3 | 17.4 | 17.0 | 17.1 | 12.7 | 11.6 | 0.57 |
| | 11.4 | 11.2 | 12.6 | 12.2 | 9.1 | 8.7 | 0.76 |
| | 7.3 | 7.3 | 5.2 | 4.0 | 2.9 | 2.8 | 0.38 |
| | 18.7 | 21.4 | 23.0 | 22.4 | 24.2 | 25.3 | 1.35 |
| | 2.9 | 1.7 | 1.7 | 2.2 | 10.3 | 10.6 | 3.66 |
| | 2.1 | 2.3 | 2.4 | 2.3 | 2.3 | 2.2 | |
| | 18,165 | 30,904 | 33,500 | 37,395 | 45,440 | 49,138 | |

## 図表1－18　申し立て動機の項目別割合

| | 夫の申し立て | | | | | | |
|---|---|---|---|---|---|---|---|
| | 昭41年<br>1966 | 昭51<br>1976 | 昭61<br>1986 | 平8<br>1996 | 平18<br>2006 | 平23<br>2011 | 1966に対する2011の割合 |
| 性格が合わない | 53.2 | 55.9 | 60.4 | 63.5 | 62.6 | 60.5 | 1.14 |
| 異性関係 | 25.2 | 22.6 | 23.4 | 20.9 | 17.8 | 17.1 | 0.68 |
| 暴力を振るう | 3.0 | 3.3 | 3.3 | 3.8 | 6.4 | 7.5 | 2.50 |
| 酒を飲みすぎる | 1.8 | 1.9 | 2.3 | 2.2 | 2.5 | 2.6 | 1.44 |
| 性的不調和 | 4.5 | 8.2 | 10.4 | 10.6 | 13.4 | 12.8 | 2.84 |
| 浪費する | 7.8 | 8.5 | 11.4 | 13.4 | 13.6 | 12.5 | 1.60 |
| 異常性格 | 10.4 | 13.4 | 13.7 | 13.5 | 14.1 | 13.4 | 1.29 |
| 病気 | 6.5 | 5.0 | 4.0 | 3.5 | 3.7 | 4.2 | 0.65 |
| 精神的に虐待する | 5.3 | 9.6 | 11.5 | 10.7 | 13.5 | 14.1 | 2.66 |
| 家庭を捨てて省みない | 16.9 | 15.9 | 14.1 | 10.3 | 7.2 | 6.4 | 0.38 |
| 家族・親族と折り合いが悪い | 19.1 | 20.0 | 21.5 | 20.1 | 15.6 | 15.6 | 0.82 |
| 同居に応じない | 17.7 | 26.2 | 20.8 | 13.7 | 9.9 | 9.8 | 0.55 |
| 生活費を渡さない | 1.2 | 1.1 | 1.0 | 1.2 | 2.4 | 3.3 | 2.75 |
| その他・不詳 | 4.3 | 2.4 | 3.0 | 4.5 | 18.0 | 20.2 | 4.70 |
| 平均選択項目数 | 1.8 | 1.9 | 2.0 | 1.9 | 2.0 | 2.0 | |
| 総事件数 | 7,391 | 12,239 | 11,905 | 14,813 | 19,730 | 18,641 | |

注）『司法統計年報、家事編』各年版

まず、夫も妻も「性的不調和」「精神的に虐待する」が2倍から4倍も増えていることが注目される。相手が「異常性格」だという声も双方とも3～4割も増え、「性格が合わない」も妻では5割も増加した。まとめてみると、精神的・心理的・性的な因子を「性的不調和」「異常性格」「性格が合わない」「精神的虐待」の4つとして合計すると、夫は73ポイントから101ポイントへ、妻は48ポイントから86ポイントへ、と夫も妻も大きく増加して、さらに夫婦の数値が接近してきたことが目につく。

反対に、「同居に応じない」（生活費のつながりはある）、「家庭を捨てて省みない」（すべてのつながりがない）など同居生活にはあまりこだわらなくなった（これは民法の大原則＝夫婦は同居し、互いに協力し扶助しなければならない〈752条〉に反することで大きな問題なのだが）。

また、相対的ではあるが、相手の「異性関係」を指摘する声は3割近くも低下した。要するに、精神的・心理的な原因が中心となり、人間関係ないし経済的な原因は比較的軽いものになってきた。

この物から心への変化は、離婚の側面から見た日本人婚姻観の大きな変動といえるのではないだろうか。もっともこの変動は平成の20年間よりも、昭和40年代から50年代にかけての20年間、西暦でいえば1960年代後半から1980年代後半までの20年間、すなわち高度経済成長の時期に、より大きく動いていることにも注目したい。

また、平成8（1996）年から最近の15年間では、夫妻ともに「その他」にチェックする例が急増している。これは何を内容としているのだろうか。私が知り合いの家裁調停委員数名から聞いたところでは、「子どもの教育方針」「宗教に凝りすぎる」「ローンの支払い方」「老後は1人で自由に暮らしたい」などがあるようで、50年前には考えつかなかった問題が大きくなってきたようである。これらを含めて、項目を再検討する必要が出てきたと思われる。

## 都道府県別の差異

この申し立て動機についても、都道府県別の集計結果が平成12（2000）年までは公表されてきたが、経費節減のためか司法統計の報告書が薄くなり、平成13年からは発表されなくなった。

そこで最後になった平成12年度の妻の申し立て分についてのみ簡単に紹介してみる。夫の乱暴な行為を動機として申し立てられた都道府県はどこが多かっただろうか。

「暴力を振るう」「酒を飲みすぎる」のどちらもが47都道府県中上位5位以内にあるのは、鹿児島、宮崎、高知の3県であり、これに近いのが岩手と和歌山である。これに「精神的に虐待する」を加えて合計したときには、岩手、大分、鹿児島、滋賀、和歌山の順に変わる。反対に、この3種項目の挙げられ方が少ない（夫の暴力性が少ない）府県は、少ない順に、沖縄、富山、東京、奈良、鳥取となっている。なお、「性格が合わない」はどこの県でも50％前後あるものだが、妻の申し立てで50％を超えるのは、三重、愛知、大分、埼玉、沖縄のみで、逆に40％台前半と少ないのは、宮城、熊本、山形、千葉の4県のみである。

しかし全体としては、都道府県別の差異は非常に小さなもので、地域的な差異はほとんど感じられない。この意味では、地域的に見たとき日本の夫婦の紛争性はかなり均質的であるといえそうである。

# 第二部

# 夫婦と親子の具体的な姿

# 1章　変わってきた身の上相談

## 1　新聞紙上の家族の悩み

35歳の主婦。子供は二人います。夫にはここ数年口も聞いてもらえず、夫婦関係もありません。／結婚後しばらくして夫が職場の女性と浮気していることがわかり、私は彼女の両親を通して説得を繰り返し、二人は別れました。／ところが最近、また別の女性と浮気をして、休日も深夜まで家に帰りません。（中略）夫は「（中略）離婚してくれ」と迫ります。私は（中略）絶対に別れたくありません。（埼玉・H美）

結婚して3年の30代主婦。結婚を後悔しています。／夫とは地元の結婚相談所で知り合い、（中略）結婚しました。夫は結婚と同時に起業したものの、この3年間ほとんど収入がなく、私が働いて家計を支えてきました。でも、私は1年半の不妊治療の末、念願だった娘を昨年出産し、今年退職しました。／育児への協力を期待していたのに、夫は娘の世話など一切しません。飲み会の回数も独身時代と同じペースで、父親になったという自覚が感じられません。（中略）娘のために離婚は踏みとどまりたいけれど、お金のない夫と暮らしても娘がしあわせになれるか疑問です。（滋賀・C子）

どちらも30代半ばの主婦から、読売新聞「人生案内」欄へ投稿掲載された相談である。前者は平成5（1993）年6月4日、後者は平成24（2012）年6月12日のものだが、19年の時代差は感じられない。おとなしい子持ちの妻を尻目に、夫は不貞を重ねて自分だけ飲み食いを楽しみ、家庭では家事育児に一切協力しない、それでも妻は離婚に踏み切れない夫放縦妻無残という夫婦のあり方は、いわば古くからある夫婦紛争の一タイプだが、平成時代になっても変わらず存在していることを示すものだろう。しかしあとで見るように、さすがに数の上では少なくなっている。このタイプの事例が半分近くを占めていた昭和時代中期と比べれば確かに動いてはいるのである。

さて、日本人は家庭に起こる悩みごとを新聞・雑誌に投稿してその回答を待つという行動が好きなようである。とくに昭和30～40年代は大変流行して、身の上相談欄がない新聞・雑誌はないほどに隆盛をきわめた。平成に入ってからは、やや熱気が失われて、廃止したり、形を変えたりする新聞が多くなった。その中にあって、大正3（1914）年5月以来現在の定形を作ったとされる「読売新聞」が、「身の上相談」から戦後は「人生案内」へとやや間口を広げて改題したものの、現在に至るまで継続していることは立派である。日本人の気持ちの動きがわかるからである。これを素材として、昭和30年代から最近に至る半世紀の間に、この家庭相談がどう動いてきたかを検討してみることにしよう。

対象としたのは、縮刷版閲覧が可能であった昭和年間の34（1959）、43（1968）、53（1978）、63（1988）の4年間と、平成10（1998）年、平成15（2003）年、平成20（2008）年、平成24（2012）年の4年間の各6月掲載分全部である。合計すると、昭和も平成も99篇で同数となった。これは、どちらも100に近いので、百分率と言い換えることもできる数である。もっとも、これは投稿の全部ではなく、掲載分は投稿全体の5～10％程度であるといわれる。担当記者が記事に適するものをふるい分け、数通を分野に応じて各回答者（5～8名くらい用意されている）に渡し、回答者は一題を選んで回答を書く。記者が掲載用に投書と回答を制限字数分に要約して見出しをつけて掲載となる。したがって、掲載分が家庭相談の全体を代表しているとはいえないが、各時代の分野別風潮をかなりの程度表現しているとし、以下、これを分析する。

## 2　全体的側面

まず全体の傾向を数字の上からおさえてみる。

時に借地借家問題など、純法律問題が入ることもあるがそれは僅少で、当然のことながら、95％以上は本人か本人をめぐる人間関係が主題である。

昭和後期の30年間では、正式結婚外の男女関係（婚約、内縁、妾、愛人関係）のケースが目立って多かったが（17％）、平成に入るとそれは３％に激減した。婚約をめぐるトラブルが小さいものになったとともに、内縁夫婦も少なくなってきたことの反映と思われる。（正式婚）夫婦紛争そのものの割合は、どちらも28％で同じだが、内容には差が出てきたようだ。婚外男女紛争に代わって平成年間で目立つことは、本人自身の問題が24％と倍増してきたことである。自分本人だけの悩みごとを新聞紙面に持ちかけるケースが目立つ。

したがって、投稿内容の中心人物をめぐる関係者の間で、はっきり紛争（トラブル）が「発生している」と見られるケースは、昭和は27％あったが、平成は半分以下の12％に減り、「紛争なし」といえるケースは31％から57％へ増加してきた。

身の上相談といえば、「家族内か周辺関係者間でのぎすぎすした激しく苦しいぶつかり合いが当然」という思いが強かった私などからすれば、最近はばかにソフトになってきたではないかという印象が強いのは、先述のような動向が見られるからである。この現象は、形を変えた他の新聞の相談欄にも見られるようである。やわらかく、ユーモアにくるんだ話を持ちかける形に変わっている。朝日新聞の「悩みのるつぼ」などはまさにその形である。

平成時代に入ると、年齢幅も話題も広がって整理が難しくなるので、昭和34（１９５９）年と平成24（２０１２）年の主題と副題とを一覧表にしてみよう（図表２—１、２—２）。平成の中で、昭和と比べて何より目立つことは、他人との直接のトラブルではなく、自分本人の悩みや苦しみをそのまま訴えるものが多いことである。

**図表２－１　昭和34(1959)年６月の読売新聞「人生案内」**

| 性 | 年齢 | 主題と副題 | 性 | 年齢 | 主題と副題 |
|---|---|---|---|---|---|
| 女 | 65 | ひとり暮らしの老母<br>病気のときに頼るのは息子か娘か | 男 | 28 | 麻薬患者だった私<br>田舎のいとこへ深まる愛情と不安 |
| 女 | 49 | 養子に出そうか<br>夫が次男の学費に文句を言う | 女 | 50代 | 義理の長男に悩む<br>家を新築したのに別居しない |
| 女 | 26 | 職につけない夫<br>労働運動の前歴がじゃまをして | 女 | 60 | 心細い気持ちになる<br>もらって育てた娘を嫁にやって |
| 女 | 27 | 勝気な姑<br>皮肉を言うので神経衰弱になる | 男 | 27 | 良縁にも自信失う<br>胸を病んだ過去にこだわって |
| 女 | 35 | 精神分裂病の義妹<br>いいなりに結婚させるのは心配 | 女 | 20代 | すでに妻がいた彼<br>信頼と愛情を裏切られたとき |
| 女 | 35 | 私は不貞な女か<br>長男の先生へ愛情伝えたい | 女 | 22 | まじめな人柄の彼<br>朝鮮人なので父が結婚に反対 |
| 男 | 60位 | 定年退職後の生活<br>長男にも頼れず三方針に迷う | 女 | 35 | 妻を裏切り一万円<br>女を流産させるために使うとは |
| 女 | 27 | すすめられる宗教<br>病気がなおり利益があるものか | 男 | 25 | 生まれつきの病毒<br>結納後に彼女の告白で苦しむ |
| 女 | 25 | 不愉快な商品扱い<br>来る人ごとに縁談を頼みこむ | 男 | 24 | 彼女には別の恋人<br>更生への決意もくずれそうです |
| 女 | 40 | 病妻ほったらかし<br>主人とめいの２人が隣室で生活 | 女 | 34 | 病妻に〝出ていけ〟<br>ののしる夫、かわいそうな子ども |
| 女 | 45 | 食費を入れない彼<br>世帯を持つ約束をした未亡人の不安 | 男 | 34 | 二児を持つ大工職<br>妻と別れたが再婚相手がない |
| 女 | 22 | 許した自分が哀れ<br>〝責任を持つ〟と言った彼なのに | 男 | 18 | 父はなく母は入院<br>妹とミソなめて頑張る少年工員 |
| 男 | 16 | むしろガラス屋に<br>父がすすめる大工には向かない | | | |
| 男 | 25 | 助け合った二人仲<br>田舎の父が〝別れて帰れ〟と催促 | | | |

図表２－２　平成24(2012)年６月の読売新聞「人生案内」

| 性 | 年齢 | 主題と副題 | 性 | 年齢 | 主題と副題 |
|---|---|---|---|---|---|
| 男 | 19 | トラウマで自信失う<br>自分の心の傷治したい | 女 | 20後 | 将来と家庭で悩む<br>まわりの言葉に |
| 女 | 60代 | 30年も不倫していた夫<br>苦しんで強くなれ | 女 | 30前 | 不妊治療中家族同伴の会嫌<br>夫の職場での(まわりの言葉に) |
| 女 | 70代 | 借金癖の息子縁切りたい<br>40代の息子、自己破産した | 女 | 20代 | 注意されるとすぐ涙<br>打たれ弱い自分が嫌 |
| 女 | 40代 | 婚約解消で仕事も結婚も失う<br>生きてゆくのが不安で苦痛 | 女 | 60代 | 夫らの仕打ち　心の傷に<br>義母や夫が精神的に |
| 女 | 30前 | 過酷な労働 残業代もない夫<br>建設会社の夫が心配 | 女 | 70代 | 夫の困窮でホーム入所迷う<br>私の幸せか弟を助けるか |
| 女 | 70代 | 息子の嫁 とにかく勝気<br>別居の息子夫婦のこと | 女 | 60代 | 夫が45歳下の女に夢中<br>自殺を考える |
| 女 | 50位 | 無趣味な夫 家でゴロゴロ<br>趣味を持たせたい、離婚も考える | 女 | 15 | 無視した友達仲直りしたい<br>15歳の中学生 |
| 女 | 50代 | 派手な弟(妻を失った独身)に女の影？　疑う母　共同で自営業 | 女 | 20歳 | 家族に暴言くり返す父<br>暴言の父→離れたら |
| 男 | 60代 | 次男が子持ち女性と同居<br>女は11歳上で子持ちバツ一 | 女 | 20代 | ０歳の息子に憎しみ<br>私の心は悪魔と同じ |
| 女 | 25 | 同居の祖母悪口ばかり<br>80代で人柄悪く | 男 | 50代 | 同期の出世ねたむ自分<br>分を知れ |
| 女 | 30代 | 家庭を顧みない夫に嫌気<br>１歳の娘世話せず収入もない | 男 | 40代 | 家族旅行の前必ず発熱<br>自律神経失調症の私 |
| 男 | 40代 | 兄は医者、私は雑用係情けないので<br>親と離れたい　思う事言えない息子 | 女 | 20代 | 婚約者の過去が気になる<br>誰にでもある |
| 女 | 30代 | 内気で職場の会話に入れない<br>やりきれない | 女 | 50代 | 再就職せず閉じこもる夫<br>早期退職して |
| 男 | 60代 | 心にゆとりがない妻<br>円満だが | 女 | 30代 | 自分に自信なく悲観的<br>子２人家族仲良好だが |

注）この年の原文には副題がないので湯沢が付けた

## 夫と妻の関係

若年夫婦の男女から、結婚はしたが子どもは産みたくないとの相談がある。これは昭和時代にはほとんど見られなかったものである。

〔当分子供は欲しくない。夫は理解してくれるが、義父母は期待している。〕結婚したら子供ができて当たり前、できなければ、体に欠陥があると思われることが多いようですが、健全な夫婦でも子供を持たない夫婦はたくさんいます。義父母にそれをわからせるためには、どう切り出せばよいでしょう。（岐阜・W子、平成5年6月25日）

35歳で、同い年の妻と結婚したばかりの会社員です。妻はごく自然に子供を欲しがりますが、私は欲しくありません。／（中略）人間の子は無神経なところばかりが目についてしまいます。それに、こんな時代、こんな環境の中で、子供をつくりたくないと思うのです。将来を考えると、やはりためらわれます。／子育てにも自信がありません。精神的、肉体的、経済的に、自分の人生だけで精いっぱいです。教職の経験があり、子育ての大変さは実感しています。（新潟・Y男、平成10年6月11日）

夫の不貞を主題とする投稿は減っているが、その分、夫の暴言・暴力に苦しむ妻の訴えが多くなっている。

30歳代女性。幼い子が2人おり、育児休業中です。結婚当初から夫はキレやすく暴言を吐き、暴力を振るうこともよくありました。いつか変わると信じ、耐えてきましたが、状況は悪くなる一方でした。昨年ごろから夫の生活は荒れ、仕事も不安定に。最後はすべてを私のせいにし、離婚届に判を押して出て行きました。／ただ、私は離婚するかどうかためらっています。夫を受け止めきれなかった私のせいで、子どもたちを一人親にしてしまっては、と思うからです。（東京・A子、平成20年6月7日）

個人的な悩みの投書が多くなってきたので、夫婦問題の割合は減ってきているが、このように心の内面に響く夫婦の葛藤はむしろ激しさを増しているようだ。相談の全体がソフトになってきたといっても、夫婦の人間関係は、持続期間が長くなり、離婚がしやすい現代の中でも、かえって一番難しい問題になってきているようだ。

**老親と子の関係**

数の上では、親と子の問題も多い。義理の親子まで加えると、夫婦間の問題を上回るほどある。とくに昭和時代には、老後の同居の可否がよく問われていた。

〔夫の死後苦労して息子と娘を育て上げた。しかし息子の嫁はじゃけんにして息子に私の悪口をふきこむ。〕息子は今まで親孝行だったのに、ある時などは「私の家だから出て行け。今は憲法が改正され親でも世話をする義務がない」とまでいいました。小遣いもくれず外出もさせません。／(中略)今は体は丈夫ですが、病気のことを考えると不安です。息子もその時は世話するといいます。今の法律はわかりませんが、どちらに世話になるべきでしょうか。(昭和34年6月1日)

まだ65歳の母親である。新憲法も都合よく使われている感じだが、弱ったら子と同居以外の道は考えられなかった時代の表れでもある。

そうかと思うと、この3日後には恋愛結婚して1児があり、嫁でもある27歳から、同居の姑に悩む投書がある。

シュウトメはとても勝気で、間違ったことでもいい出したらあとへひきません。私もずいぶん気を使っているつもりですがシュウトメとしては気にいらないらしい様子です。そして話し合いですませてくれればよいのですが、それはせずに皮肉をいうので最近は私も神経衰弱気味です。夫はおとなしい人で母には絶対服従で、何事も知っていて知らぬふりですが、このごろはみかねて別居を望んでいるようです。／私たちのめんどうをみてくれる人もみなで相談した上で別居したらといってくれます

**図表２－３　関係者間の続柄関係（誰と誰の問題か）**

| 各年の６月分 | | a.婚姻外男女 | b.夫婦の関係 | c.実親子（子は成年者） | d.実親子（子は未成年） | e.義理親子 | f.親子の同居 | g.他の親族 | h.本人自身 | i.その他 | 総数 |
|---|---|---|---|---|---|---|---|---|---|---|---|
| 昭和 | 34年(1959) | 5 | 5 | 4 | 1 | 1 | 4 | − | 4 | 2 | 26 |
| | 43年(1968) | 3 | 11 | 1 | 3 | 1 | − | 1 | 1 | 3 | 24 |
| | 53年(1978) | 2 | 9 | 6 | 1 | 1 | 2 | − | 1 | 3 | 25 |
| | 63年(1988) | 7 | 3 | 4 | 3 | − | − | 1 | 5 | 1 | 24 |
| | 計 | 17 | 28 | 15 | 8 | 3 | 6 | 2 | 11 | 9 | 99 |
| 平成 | 10年(1998) | − | 6 | 1 | 5 | 2 | 2 | 1 | 5 | 2 | 24 |
| | 15年(2003) | 1 | 6 | 4 | − | 2 | 1 | 2 | 5 | − | 21 |
| | 20年(2008) | 1 | 8 | 7 | 1 | − | 1 | 1 | 5 | 2 | 26 |
| | 24年(2012) | 1 | 8 | 6 | 1 | − | − | 2 | 9 | 1 | 28 |
| | 計 | 3 | 28 | 18 | 7 | 4 | 4 | 6 | 24 | 5 | 99 |

注）読売新聞、各年６月の「人生案内」欄より湯沢が作成

が、六十をすぎたシュウトメ一人残して出るにもしのびません。このままつらくとも嫁の座として我慢すべきでしょうか。（群馬・悩む嫁、昭和34年6月4日）

回答者は、「くよくよすることは何もありません。別居さえすればまるくおさまる問題」と答えているが、当時はまだ借家も少なく、経済事情もあって、簡単に別居できないからこういう投書になったのであろう。

平成も24年になると直接の同居・別居問題はなくなるが、別居していても、義母の悪口にイライラしてたまらないという30代の言葉はある。若い女性は、この種の軽い悪口にとても弱いようである。

昨年三女を出産しましたが、実母は遠方にいて働いているので手伝いを頼めません。義母はその事情を知りながら、「母親のいない人はかわいそう。あっ、生きているか」「お母さんが死んだ時の予行演習ができていいね」と言いました。／（中略）義母はまた、義妹の子はよく預かるのに、私の子は「預けないで」。それでいて「老後の面倒は見てくれるよね」と確認してきます。／義母の言葉にいら立つ自分が嫌です。気持よく対処したいのですが、よい方法はありますか。夫に話すと義母を叱るので、相談できません。（群馬・R子、平成24年5月29日）

これに対して担当の大日向雅美は、

常人ではまねの出来ない芯の強さをお持ちです。実母の助けを借りることなく、優しい夫と共に家庭を守り、子育てに励んでいることにも、自信を持ってください。／心に余裕が持てるようになったら、しゅうとめがなぜこんな仕打ちをするのか、その訳を考えてみましょう。元々口の悪い人なのだと思いますが、最愛の息子をあなたに奪われたとの思いが、寂しさと嫉妬による暴言を加速させているように思います。（中略）夫に告げ口をしない判断は賢明です。／（中略）おしゅうとめさんはあなたの優しさが分かっているようにも思います。そうでなかったら老後を頼むなんて言えないはずです。時間をかけておしゅうとめさんの心のとげが抜けるのを待つのが、優しいあなたにふさわしい方法だと思います。

と上手に答えている。もっともこれには、実親子と義理親子には別の感情があって当然との考えを含んでいる。

平成24年10月20日に70代後半の男性から次のような投書があった。

年金と貯金で妻と暮らしています。長男の嫁と何一つ心が通じず、寂しさを感じます。／（中略）次女はその嫁から「私は自分の親をみるから、あなたは自分の親をみてね」と言われたそうです。（中略）ゆくゆくは向こうの親のマンションで同居するようです。／嫁は我が家には年に1回元日に来て、ごちそうを食べて2人の子どものお年玉をもらったら退散し、平常は寄りつきません。（中略）この冷血一家とは関わりたくありません。心の持ちようをお教え下さい。（兵庫）

担当は樋口恵子で、次のように答えている。

あなたのお年頃の男性からみると、このお嫁さんの言動に怒るのは理解できます。私たち世代が若いころは、何よりも「夫の親優先」でしたから。／しかし、今の視点から見ると「夫の親は夫側」「妻の親は妻側」で介護するという考え方が多数派になってきました。（中略）介護者の続柄を見ると、〈1〉配偶者〈2〉子〈3〉子の配偶者の順で、すでに嫁よりも血縁の娘・息子が上回っています。／これは嫁側の心がけの問題でなく、数の論理です。

社会学の堅い言葉で言い直すと、日本の老親扶養は「父系的」から「双系的」へ転化したことを表したものであり、「核家族時代」の具体的効果の一つにほかならない。

**本人自身の悩み**

先の統計のところでも見たように、平成時代には他人との争い事は少しもないのに、本人自身の悩み・苦しみを投稿するものが多くなってきた。その内容をまず20代、30代の女性例から拾ってみよう。

○視線におどおど　堂々と相手の目見たい主婦

30代後半の主婦。パート勤めです。高校卒業のころから人の目をまっすぐ見ることができず、視線が合うとおどおどします。相手も私に気を使って嫌な思いをしているようで、いつも申し訳ないと思います。（神奈川・H子、平成5年6月3日）

○家から出るのが苦痛　他人の目が気になり、就職もできず

21歳の女性。（中略）／電車に乗ったり買い物に出かけたりした時など、いつも人に見られているような気がしてなりません。とにかくその場から早く逃げ出したくなるような気持ちになります。（富山・R子、平成5年6月15日）

○体毛が濃くて悩む　水着も着られない20歳女子

20歳の女子学生です。体毛がとても濃いのに悩んでいます。／（中略）だれにも相談できず、沈みがちな生活を送っています。（茨城・Y子、平成10年6月21日）

○内気で職場の会話に入れない

30代会社員女性。内気で口数が少なく、職場の会話の輪に入れません。／（中略）自分から話題を振

って話しかけたこともあるけれど、大抵は驚いたような反応をされて傷つき、慣れないことはしない方がいいと結論づけました。／（中略）私にどんな問題があるのでしょうか。それとも、客観的に見て気にするようなことではないのですか。（北海道・N子、平成24年6月14日）

客観的に見たら大きな問題とは思われないのに、とにかく「他人の目が気になって仕方がない」といった内容である。自分に自信がなく悲観的すぎるようである。

この傾向は、もっと年下の中学・高校生にも、また男子にも広まっているようで、次のような例が目につく。一部には「いじめ」が絡んでいる悩みも表れている。

○「何の取りえもない」悩む中1　男子にもてる親友落ち込む私

中学一年の女子。私には何の取りえもありません。運動部に入っていますが、部内で一番へたです。それに頭が特にいいわけでもないし、顔もあまりかわいくありません。／私には、だれからも好かれる親友がいて、どうしても自分と彼女を比較してしまいます。／（中略）どうすれば、もっと自分に自信が持てるようになるのですか。どうか教えて下さい。（群馬・E子、平成15年6月23日）

○他人任せで無神経な性格　先行き不安な18歳男子高校生

18歳の男子高校生です。自分の性格の悪さに悩むことで疲れきっています。／どんな点かというと、

図表2－4　関係者間の紛争性の有無

| 各年の6月分 | | a．非常にあり | b．少しあり | c．なし | 総数 |
|---|---|---|---|---|---|
| 昭和 | 34年(1959) | 7 | 10 | 9 | 26 |
| | 43年(1968) | 8 | 10 | 6 | 24 |
| | 53年(1978) | 8 | 12 | 5 | 25 |
| | 63年(1988) | 4 | 9 | 11 | 24 |
| | 計 | 27 | 41 | 31 | 99 |
| 平成 | 10年(1998) | 4 | 7 | 13 | 24 |
| | 15年(2003) | 2 | 8 | 11 | 21 |
| | 20年(2008) | 4 | 12 | 10 | 26 |
| | 24年(2012) | 2 | 3 | 23 | 28 |
| | 計 | 12 | 30 | 57 | 99 |

注）読売新聞、各年6月の「人生案内」より湯沢が作成

神経質で他人任せなところです。それに、外に出ると暗くなり、積極性がなくなることもです。情けなくて自分が嫌になってしまいました。（中略）／そのせいで、幼稚園から高校まで、いじめに遭いました。（静岡・T彦、平成10年6月6日）

○「いじめ」忘れられず　毎晩の悪夢、将来も不安な高3女子

高校三年の女子。過去にあった嫌なことが忘れられず、悩んでいます。（中略）／嫌なことというのは、数年前にいじめに遭ったこと。今は、いじめた人たちと同じクラスでないので気が楽ですが、将来一緒の職場などになって、私のことを悪くふれ回られたらどうしようかと、びくびくしています。（愛知・R子、平成5年6月24日）

これらの傾向の要因として、個々人の関心が他者から自己へと向くようになってきた時代背景が考えられる。平成に入って「アイデンティティー」「ジェンダー」といった言葉が一般にも広く使われるようになってきた時代となったといえよう。

若い世代でいえば、「ニート」「引きこもり」「モラトリアム」「登校拒否」などの傾向が目立つようになり、これらの言葉が多く使われるようになった。また、若年性認知症、産後うつ、広汎性発達障害といった今まで前面では取り上げられなかった症状の概念化が身近に広く適用されるようになったこともあろう。

食糧や物品には満たされてきたためか他者との紛争は減ってきたものの、現代の問題として、個々人が社会の中で、人間の性質・特質が以前よりさらにあらわになり、それぞれどのようなアイデンティティー観（自分は社会においてどんな存在か）やジェンダー観（社会的・文化的な性のありよう）を持って生きていくかが問われるような時代になってきたことも大きな要因と考えられる。

社会心理学や人格心理学の間では、「自己複雑性」（Linville 1987）といった言葉も生まれてきた。これはリンビルによると、「ある領域についての人々の考えに含まれている、端的に他と弁別できる自己の特性の数によって、複雑性を定義し、測定したものである」とされる。要するに、私たちが自分自身を複数の役割等の側面から捉えようとする、その捉え方を指している。自己複雑性には自分にとって肯定的な面もあるのだが、否定的な面もあるという。否定的な自己複雑性は、否定的なことが生じたときの情動反応を、自己の各側面に広く拡散させてしまうことであるという。現代では個人は社会においてさまざまな役割を求められ、肯定的な自己複雑性の度合いも高まっているが、自分を否定的に見てしまう側面も問題となってきているということである。そうした背景の結果、平成期に入り、「本人の悩み」に関する投書が多くなり、「紛争性」は少なくなってきたのではないだろうか（この分析には、臨床心理学研究者である金子優香里氏の考えをお借りした）。

# 2章　一般夫婦の人間関係

## 1　ケースの実際

平成時代のふつうの夫婦はどう暮らしているだろうか。実は、一般的な暮らしぶりの資料を得ることはとても難しい。紛争を起こした家族や統計調査の結果ならともかく、人は無難な日常を語ることはふつうしないからだ。それでもやっと、二つの夫婦の実例を知ることができた。具体的な姿としてまずそれを紹介してみよう。

**事例A**

平成4（1992）年にアメリカ人報道写真家、ピーター・メンツェルが訪問して取材した日本人家族U。

東京の郊外、都心から1時間半の一軒家に暮らす、夫45歳、妻43歳、長女9歳、次女6歳の4人家族。

14年前に職場恋愛で結婚。

〔妻は〕夫や子供たちを起こした後、食事の用意から子どもの世話まで、いくつものことを同時進行でこなしていく。（中略）／〈夫〉は、朝はぎりぎりまで寝ていて、健康的な（？）朝食（ペプシ2本、たばこ2本、コーヒー1杯、ビタミン剤）をとる。そして、テレビに表示された時刻を自分で確認して、7時28分きっかりに家を出る。駅まで歩いて行き、電車に乗る45秒前には駅に着く。（中略）〈夫〉は洋書代理店の会社員で、紺の背広を着て電車で通勤している。（中略）週に何日か、仕事でとても疲れた日は帰りに居酒屋に立ち寄り、ストレスを解消する。そこで、たばこと酒とカラオケを楽しむのだ。（中略）9才の〈長女〉はオリンピック選手になるのが夢で、（中略）水泳の後は、その近くにある塾に行って勉強をする。

3年後の平成7（1995）年に同一メンバーによる再調査を受けたとき、46歳になった妻は女性インタビュアーに次のように答えている。

**〈問〉** 結婚生活は期待したとおりでしたか？

**〈妻〉** いいえ、いいえ。もっと明るくて楽しいものだと思っていました（笑）。ひとつには同じ趣味がないこと……美術館を訪ねるという。一緒に行ってほしいんですけど、夫は全然興味を示してくれません。だから2人で一緒にすることが何もないんです。むこうも同じことを感じているでしょうね。私は飲まないし、野球もわからない。カラオケもやらないし、ボーリングにもいかない。そういうことに私は興味がないんです。

〈問〉家庭のなかで、あなたと〈彼〉は対等ですか？

〈妻〉違うと思います。もし私がかぜをひいても「ぼくと子供のことはちゃんとやってくれよ」と言うでしょう。

〈問〉あなたが病気でも、子供の世話はあなたがやれってこと？　あなたは休めないの？

〈妻〉（笑ってうなずく）

〈問〉周囲の人たちはそれをどう思うでしょうね？

〈妻〉ごく普通のことと思うでしょう。夫というものは家のことはしないものです。近所に一軒だけ、奥さんが倒れて、ご主人が子供の面倒をみるはめになった家があります。あのご主人は、自分が父親だったことを初めて知ったんじゃないかしら。

（中略）

〈問〉ちょっとききにくいんですが、今の結婚生活に愛情はありますか？

〈妻〉腹は立ちますが愛情もあります。あるはずでしょう？「どうでもいいわ」というような気持だったら……いいえ、そんなことありません。やはり夫が中心です。彼がいちばん大事な人です。

〈問〉彼も同じように考えているかしら？

〈妻〉さあ、聞いたことありませんね。

これは、平成4〜7年の東京一流会社員主婦の談話として、よくできた標準的なインタビューと思われる。サラリーマンにとっては経済成長が続いていた平成7（1995）年での夫の月収は47万6000円あり、妻は専業主婦で、収入の途はまったく考えなくてよかった。典型的な分業夫婦の生活がよく見られる。妻の生家は沖縄なので、実生活での関係はまったくない。[1]

**事例B**

しかし不況が続き、夫が平成23（2011）年にリストラにあって再就職しても非正規職員にしかなれず、月収が22万円に落ちてしまった東京都杉並区の家族は、こんな姿ではない。私の知人のBさん家族では、妻が嫌でも仕事に出なくてはならなくなった。2人の子はまだ小学生なので下校後は児童館に預け、それが終わる午後5時（冬）、午後6時（夏）の少し前まで、近所の大手スーパーのキャッシャーに出ている。朝大急ぎで家事を片付けて11時から就労しても時給は950円なので、月10万円ちょっとにしかならない。

5年前には、上の子にはピアノと書道、下の子にはお絵書き塾へ通わせていたが、それも全部打ち切ってしまった。「なにしろ毎日忙しくて大変、掃除などは後回し。皆健康だからいいけれど、病人が出たらやっていけない。母親に少しボケがきているけれど、介護に行けない。夫とは話をするとお互いに苛立つから、なるべく話し合わない。疲れて仕方がない」とこぼし話ばかり出る。

これに、荒れてきた夫の暴力が加わると危ないことに追い込まれる。平成20（2008）年5月23日の新聞にはこんな記事が出た。

埼玉県の女性（48）は過去に3度、キッチンから包丁を持ち出し、寝ている夫の枕元に立ったことがある。／「この人がいなくなれば、私はやっと呼吸ができる、と思いました」。肉体への暴力。でも、耐え難かったのは精神的な暴力だった。ささいなことで怒る夫に家を追い出され、大切な物を壊された。そのたびに「お前が悪い」と言われた。／家族で出かけたドライブで、山道をタイヤが鳴るほど飛ばす夫に「（娘が）怖がってるから」と減速するように頼むと、「嫌なら降りろ」と言われ、山中に置き去りにされたこともあったという。／夫の機嫌に神経をとがらせる日々。自殺を考え、手首にカミソリをあてたこともある。そのときも、包丁を手にしたときも、子どもと親の顔が浮かび、思いとどまった。／約20年耐えた末、離婚した。心的外傷後ストレス障害（PTSD）と診断され、今も精神科に通っている。[2]

低収入に暴力が重なれば、家族は簡単に破綻するのである。

## 2　全国の大勢

平成20（2008）年に、一般夫婦の生活問題について全国調査したものに国立社会保障・人口問題研究所の「第4回全国家庭動向調査」[3]がある。これによると、対象6870組のうち「心配ごとや悩み事を相談する」ことが「あまりない」夫婦が19・8%、「全くない」が6・3%で、合わせると26%にもなる。

平成5（1993）年の第1回もほぼ同じで、普通に暮らしていると見える夫婦でも、4組に1組は重要なことの話し合いをしていない。それでも夫婦が壊れないのは、根に夫婦分業型の特性を残しているからであろう。

なお、「買い物に行く」「帰宅時間や週の予定を話す」「休日の過ごし方について話し合う」などの項目は、それぞれ10年前よりも5%くらい向上している。

### 夫婦の裁量権

夫婦間の意思決定権はどちらにあるか。

「家計の管理・運営」は妻67%、夫13%でずっと変わっていない。しかし、「車など高価なものの購入」「親や親族との付き合い」は10年前よりそれぞれ3%ずつ「一緒に」が増えて、わずかながらも夫婦共同性が増してきたことは喜ばしい。「育児や子どもの教育」についても、夫に比べて妻の決定権が圧倒的に大きい（妻49%対夫3%）が、それでも「一緒に」が43%から48%へと5%も増えたことが一番注目される。イクメンの基礎は、たしかに広がってきたのである。

## 夫婦の役割関係

「ゴミ出し、買い物、掃除、風呂洗い、洗濯、炊事、あと片付け」について、週1〜2回以上遂行している夫はどのくらいいるか。ゴミ出しは42％、買い物40％と高い。他の項目は30％以下だが、5年前、10年前に比べると、いずれも向上している（5年前比5〜8％増）。妻20代の夫が一番高いのだが、60代での上昇幅が最大であった。60代での協力には目を見張るものがある。60代の男性の健康が向上していることもあるのだろう。

育児についての夫の分担はどのくらいか。「夫の方が多い」「ほぼ平等」は合わせても、わずかに7・5％で、夫の育児への関与はまだまだ少ない。しかしその中で、「遊び相手」89％、「風呂に入れる」82％をはじめ、「あやす」「おむつ替え」「食事をさせる」「寝かしつけ」などすべての項目で5年前より向上している。

常勤の妻を持つ夫の育児遂行割合はすべての項目において上昇しており、「保育園の送迎」「食事をさせる」「寝かしつける」「おむつを替える」などの項目で、妻が専業主婦である夫の育児遂行割合を上回っている。このことから、共働き家庭のほうが夫の育児への関与が相対的に大きいことがうかがえる。

夫の帰宅時間は、全体の55％が午後8時前で、この割合は前回より少し多くなった。勤務時間が少なくなり残業が減ったためであろうか。午後8時前に夫が帰宅する家庭では、8時以降の帰宅に比べて妻の家事時間は平均30分も短くなっている。この違いは家庭によい影響が大きい。

だが私の知る限り、デンマークでは夏も冬も午後5時までにほぼ全部の夫が帰宅している（各種企業の終了時刻が午後4時に統一されているので）。またフランスの地方都市でも、「午後6時までに帰宅しない男は夫とは思わない」という言葉を聞いた。それらに比べると、夫が協力しない（できない）日本は、何という大変な国かと思わざるをえない。

# 3章　離婚になる夫婦のいきさつ

## 1　離婚急増時代（1990年代）

平成3（1991）年には離婚が前年より1万1000件も増え、以後の平成14（2002）年まで離婚は急増を続けた。離婚率（人口1000人当たりの離婚件数比）も1・29から2・30まで急上昇した。たった12年の間に離婚率がこれだけ上昇したことは明治15（1882）年に統計をとりはじめて以来120年間に例がない（ただし平成15年以降は、件数も離婚率も減少を続けているが）。これは、日本家族の歴史の中でも注目に値する現象の一つだから内容を検討してみよう。

## 2　不倫に寛容になった世論

大きな基礎に意識の変化があるようだ。平成9（1997）年に行われた朝日新聞の世論調査を見ると、離婚のハードルが低くなって離婚に寛容な気持ちが増えている（小説でも映画でもテレビドラマでも、〈不倫〉にまつわるものが売れ、ヒットしてきた）。平成20（2008）年の朝日新聞の調査によれば、結婚している人が「不倫する」ことについて、「どんな場合でも許されない」が48％、「許されることがある」が45％と二分された。アメリカでは「どんな場合でも許されない」が76％と多いので日本人の寛容さが目立つのである。

「結婚相手とうまくいかないときは、離婚してもよいと思うか」という質問に対しては、「よいと思う」61％、「そうは思わない」31％であった。10年前の昭和63（1988）年のときには、肯定と否定が45％で同じであったのだから、10年間にかなり離婚観が緩やかになってきているといえる。

現実の離婚率の上昇も、このような意識の変化に対応しているといえるのではないだろうか。

第二には、やはり経済的事情の変化（とくに女性側の所得の向上）が大きかったと考えられる。もっとも、家庭裁判所の調停離婚にかかるケースは紛争性が高いものなので、もっと一般的なものに範囲を広げてみよう。『はんど・いん・はんど』誌（円より子編、現代家族問題研究所発行の月刊誌）の「家計簿公開」欄から昭和末期から平成初年までの経済状況だけを抜き出してみる（すべて妻側の事情）。

(1) 33歳、1988年性格不一致で離婚、妻は翌年就職、給料は12・0万円、児童扶養手当3・4万円（107号）。

(2) 45歳、1986年離婚、妻はその2年前から会社員となる。給料15・6万円（109号）。

(3) 29歳、1988年離婚、90年派遣会社に就職。15・4万円。のち塾教師17・3万円。児童扶養手当1・5万円（117号）。
(4) 48歳、1991年離婚、婚姻中から6回就職、19・0万円。養育費5・0万円（151号）。
(5) 39歳、1993年離婚、給料8・5万円（パート）、養育費は調停中、支出は24・5万円なので貯金から（154号）。
(6) 32歳、1994年離婚、3カ月後に契約社員、8・0万円。養育費10・0万、児童扶養手当＋児童育成手当6・0万円（158号）。

以上の様子からすると、女性側が離婚に踏み切った経済条件としては、

- 離婚後の生活に確実な収入のあてがあることで、多くは離婚前後に職業を得ている。
- 児童扶養手当、児童育成手当など公的な援助を積極的に得ている。
- 両親の援助が大きい、近ければ同居するなどして、住宅費を節約できていること。

などがあることがわかる。

## 3　上昇の終わり

このように離婚件数はとどまるところなく上昇を続けたが、平成14（2002）年の28万9836件

をピークとして翌15年からは減少に転じた。減少の傾向は平成25年までも続いている。

これは平成14年からの「婚姻件数の減少」にも対応しているが、やはり大きくは平成9（1997）年からの平均世帯所得の減少によく表れてきた経済の不景気に対応しているといえそうである。離婚後に自活していくに足りる収入の見通しがたたないため、離婚に踏み切れなかった妻が多くなってきたためであろう。

この離婚率低下曲線は、歴史をさかのぼると、大正から昭和戦前期のそれに近似している。そのときの離婚率低下も、やはり女性の自活能力の低いことの問題が根底にあったものと考えられるのである。

## 4　離婚減少時代（2003年以降）

もっとも、所得減少期の離婚にあっても、大部分の例は所得減が直接の原因になっているわけではない。

代表的な例の一つとして、平成23（2011）年に第57回全国家事調停委員懇談会が取り上げたケースの中心部分を参考にしたい[4]。

**当事者関係**

昭和61（1986）年婚姻後20年間は続いていた夫婦。申し立て時に夫50歳、妻48歳、大学生と中学生の娘2人、夫の不貞が発覚して妻が精神不安定になり、妻は離婚調停を申し立てした。夫は会社員であったが、妻の勤務先への介入などもあって退職したあとは無職である。妻は子の親権者となり、相当額の養育費と、財産分与2000万円、慰謝料1000万円ならびに、年金分割として半分を要求した。妻は夫の両親と同居する家に調停成立まで住み続け、最近は実親と実姉からの支援金で生活している。

**調停成立**

5回の調停期日が開かれた。当初は双方の主張に大きな開きがあったが徐々に調整され、6回目に大略次のような調停成立をみた。

①離婚して、子2人の親権者を母とする。
②満20歳になるまでの養育費として、夫は1人月5万円を支払う。
③夫は、二女の別記教育費を支払う。
④夫は、婚姻費用未払い金を支払う。
⑤夫は、別に解決金を支払う。
⑥妻は、婚姻中の建物から退去する。
⑦年金分割の按分割合を0・5とする。
⑧妻は、夫に対する仮差押命令申立事件等を取り下げる。

以上は、非常に圧縮した紹介であって、実際の内容は複雑で大変難しい事件である。掲載誌での解説資料等は計43ページにも及んでいる。

夫は大企業に勤続して、平成18（2006）年には1120万円の年収を得ている会社員であった。9年目に二女誕生後は夫婦関係も途絶え、調停中は失業者であった。妻は大卒者で結婚後は無職、かなりレベルの高い生活をしてきたので、初期には調停成立額より相当高額な養育費などの請求をしていた。

なお一般に中年世代の離婚事件には次のような共通問題があると、この懇談会の委員長は説明している。

- 更年期障害に代表されるように、心身ともに不安定な時期であること。
- 社会的には、リストラの対象にされやすい年代である一方、再就職は困難な年代であり、また、専業主婦だった者にとっては経済的自立がきわめて難しい上に、年金を受給できるようになるのは10年以上先であること。
- それでいて、子どもはいまだ自活できず、教育費をはじめとする親の負担は、他の世代と比べてもきわめて大きいこと。
- 介護を含め、親との関係でも複雑な問題が生じがちであること。

## 5　一般的な事例

次に、公表されているケースから実例を紹介してみよう。もう少し一般的な例をNPO法人ウィンク編『養育費実態調査　払わない親の本音』[5]より要旨を加筆修正して紹介する。

①平成15（2003）年離婚。夫40歳、子1人。

結婚生活20年目に、夫の浮気が原因で妻から離婚を言い出される。夫は1年間の浮気は過去のことであり、離婚する意思がないことを告げると、妻は仕事を始め、調停を申し立てられた。夫のほうがよく子育てした。妻は親権を争い調停は不成立。その後、妻は裁判を起こす。夫は「そこまでするか」と腹が立ち、裁判の呼び出しに応じず（判決）離婚が成立。夫は子どもには、もう6年間会っていない。

②平成16（2004）年離婚。夫39歳、妻34歳、子1人。

里帰り出産のため実家に戻ったまま、離婚を切り出した妻。妻は職場仲間との飲み会が好きだった。夫は必死に説得したが応ぜず、夫の会社は倒産、やむなく協議離婚に至った。夫は4年間、養育費を払ってきたものの、娘に会えたのはたった5回だけ。元妻に恋人ができたことを知り、養育費を振り込まなくなった。催促もこなくなった。

③平成16（2004）年離婚。夫37歳、子1人。

友人の紹介で知り合った妻とその母親の、異常なまでの共依存関係が原因で離婚。それ以外の原因はなく、妻は結婚継続意思が皆無。生後1カ月の子を連れて実家へ帰って離婚を言い出した。

④平成18（2006）年離婚。夫30歳、子1人。

離婚したくない気持ちから、養育費や親権決定を話し合いの駆け引きにしてしまったことで、養育費も面会交流もできないまま。元妻とはなんだかんだと連絡がとれるのに、大切な取り決め事の見直しはなかなか言い出せない。

２人は昔の同級生同士。20歳で交際を始め、妊娠をきっかけに24歳で結婚。夫は、平日に家族とコミュニケーションをとる時間がほとんど持てず、そのことへの元妻の不安や不満が原因で、お互いに譲らない性格もあって、夫婦げんかも度々。妻からは「あなたは私のことを何も知らない！」といわれた。妻は非正規だが会社員になった。

⑤平成20（２００８）年離婚、夫37歳、子１人。

数カ月ほど付き合っていた元妻との間に子どもができたので結婚することにした。結婚式の当日から関係は悪く、初めから結婚生活は破綻していた。子どもが生まれてすぐに離婚。「養育費なんか、いらない」といわれて離婚したものの、初めの２カ月間は月10万円ずつ送金。その後、金額を減らしたところ、元妻から怒りのメールがきた。子どもに会わせないで、お金だけ出せというのは、納得がいかない。

このように、離婚の事情はさまざまであって整理がつかない。比較的軽い理由で離婚に踏み切っているように見えるので、以前に比べれば夫婦とも話し合う努力が少なく、忍耐力が落ちているともいえる。

# 4章　親と子とのつながりの深まり

## 1　大人になった子とその親

親子関係というと、ふつう若い夫婦とその間に生まれた乳幼児との関係が取り上げられることが多いが、ここではもっと長い期間にわたって続く「大人になった子とその親との関係」を取り上げることとする。子が未成年である時間は19年間だが、成年後はふつう20〜30年間もあってずっと長い。成熟後も親は子を経済的にも精神的にも何かと援助し、子も親のほうを経済だけでなく、介護まで支援する。これは、子が18歳以降は精神的には親しいが、経済的にはまったく相互支援しなくなるデンマークなどの社会とは非常に異なる日本的特色なのである。

以下、国立社会保障・人口問題研究所によって平成20（2008）年7月に行われた「第4回全国家庭動向調査」の結果を中心に見ていく。

## 出産・子育てに母の協力

まず母親がいることが前提となる。49歳までの妻から見ると、妻の母親は91%、夫の母親は89%生存している。しかし同居に限ると、双方の親の誰かと同居している妻は、20代で25%、30代前半は17%に下がるが、30代後半は21%、40代後半は37%と上昇する。町村のほうが都市の倍以上に高い。もっとも別居であっても、30分以内という近距離に住む妻が6割を超えていて、近距離別居は過去に比べて増えている。

①「出産育児で困ったときの相談」では、親が第1位で45%、夫が39%、兄弟6%だが、「平日の昼間第1子が1歳になるまでの世話」では、妻本人が85%しているので、両親が11%、公共機関3%の配分となる。「妻が病気の時の子の世話」では、夫50%、親37%、「第2子出産時の第1子の世話」では親65%、夫19%、「妻が働きに出る時の子の世話」では親42%、公共機関30%、夫19%となるなど、親の援助機能は非常によく発揮されている。

②女子に対しては、「出産時の世話」62%、「孫の世話」43%と世話的援助が男子よりもずっと高いが、「孫にかかわる費用」も30%と男子の場合の28%を上回っている。これらの割合や金額は、5年前の調査よりもいずれも上昇している。

## 親から見た子との関係

①会話の頻度

同居子の場合、男女とも週3～4回以上親と会話するケースがほとんどであり、とくに女子（娘）とはほとんどの年齢で90％以上が毎日会話する。会話をほとんどしないケースは男女ともに数％程度である。

別居子の場合、同居子に比べ会話頻度が少ない。週3～4回以上親と会話するのは男子（息子）で10％前後、女子で10～20％程度であり、週1～2回ないし月1～2回というのが多数を占める。男子よりも女子との会話頻度のほうが多く、週1～2回以上会話するのは男子で30％以下に対し、女子では最も少ない40～49歳でも39％である。また、男女とも、年齢が上がると会話をほとんどしないという割合が増える。

②金銭のやりとり

成人している子どもへ定期的な金銭を渡している親がいるのかと思うと、ほぼ2割はいるのである。とくに子が20代前半の場合には在学中が多いためか、別居の息子には53％が、別居の娘へは39％の親が5万円以上の多額を出すか、または送っている。25歳以上になると男女とも10％前後ではあるが、大部分は3万円未満になる。しかし子が40代になっても、別居の息子へ7％、別居の娘へは13％も少額だがお金を渡しているのである。

では反対に、子どもから定期的にお金を受け取る親はどのくらいいるのだろうか。

これは同居の場合のほうがずっと多く5万円未満が多いが、息子からは47％、娘からも47％受け取っている。親は現金収入が乏しいので別居できず、同居している人が多いのだろう（別居の場合は、男女とも7％である）。その割合は子の年齢とともに上がり、（親の年齢も上がるので）受け取る金額も増える傾向がある。これは扶養料も含むためであろう。

全体として見ると、「定期的に子どもにお金を渡している割合」は「親夫婦の収入が高いほど高い傾向」にある。これは子どもの性別や同居・別居にかかわらず共通した傾向である。他方、「定期的に子どもからお金を受け取った割合」は総じて「親夫婦の収入が低いほど高い」傾向にあるが、別居する娘についてはこうした傾向は見られない。

では、どういう問題があるときに、母親は別居の結婚している子を支援しているのか。

息子に対しては、「結婚資金」が54％、「孫の費用」28％、「住宅資金」が25％と経済的な支援が多い。

しかし娘に対しては、「出産時の世話」62％、「孫の世話」43％と手間の援助がずっと多くなる。[6]

## 2　父親を語る

統計的な姿ばかりでなく、具体的な様子も紹介しておこう。

朝日新聞の木曜日教育欄の一部に「おやじのせなか」という欄があり、大人に成長した、息子と娘が語る親子の交流を記者が1000字ほどにまとめている。父親が亡くなった人もいるが、それでも父親は70代80代まで長生きしていた例が多い。語り手が子どものときよりも大人になったときの話題が多いのが特色になっている。一例だけ紹介する。ジャーナリストの津田大介の例だ。

共働きで、母が病気がちだったこともあり、〔父が〕率先して料理や掃除などの家事をしていました。今70歳ですが、その年代にしては珍しいんじゃないかな。／父は自分の思想を僕に押しつけることなく、自由に育ててくれました。僕は一度も会社員にはなりませんでしたが、不安はなかった。人にはいろいろな生き方があるのだと、父が身をもって教えてくれたからです。[7]

息子や娘たちが、それぞれの分野の成功者ということもあるだろうが、大人になってから親の人間性を見つめるというのはよいものだと思う。短所は脇において、長所を引き出して今の自分につなげている。戦前にはよく「地震・雷・火事・親父」といわれた恐ろしい父親像は影をひそめ、まるで親友のような親しさがある。こういうことが平静に語れるようになったとしたら、平成日本の親子関係はよいものになってきたといえる。

## 3　子から見た親との関係

図表2－5　親に対する金銭援助（2008年）

| | 援助あり（%） | | 3万円未満（%） | | 5万円以上（%） | |
|---|---|---|---|---|---|---|
| | 同居 | 別居 | 同居 | 別居 | 同居 | 別居 |
| 妻の父へ | 24 | 7 | 10 | 3 | 6 | 0 |
| 妻の母へ | 15 | 10 | 9 | 6 | 7 | 1 |
| 夫の父へ | 19 | 9 | 5 | 4 | 5 | 1 |
| 夫の母へ | 13 | 11 | 6 | 5 | 6 | 1 |

注）国立社会保障・人口問題研究所「第4回全国家庭動向調査」

再び、「第4回全国家庭動向調査」に戻ってデータを求める。もちろん、同居か別居かによって大きく異なる。

ほぼすべての場面で、別居よりも同居のほうが子が親を支援する割合が高い。「生活費」や「病院・施設等への入所資金」といった経済的側面でも同居子の3倍から5倍も別居者のほうが金額が高い。ただ「悩み事の相談」だけはほぼ等しい。

別居する親への妻からの支援としては、買い物、洗濯、食事などの世話的支援が、夫の父親よりも妻の父親へ対するほうが2倍近くも多い。夫の父へは経済的支援の割合が高い。

子ども夫婦が親に対して定期的に金銭を援助しているかは、**図表2－5**のとおり。

なお、収入との関連でいうと、同居の場合は一定の関連性はなく、別居の場合には夫婦の収入が上がると定期的にお金を渡す割合が上昇している。

**親の介護の必要性**

長寿化とともに、親の介護が重要な問題になってきた。しかし、親がすでに死亡している例も多い。簡単にまとめれば、50代としても夫婦の双方とも父親の5割弱、母親の約7割が生存している。生存している親で介護が必要な親は、妻の父親で5・3%、母親で11・2%、夫の父親で4・1%、母親で9・6%となっている（介護不詳を含む割合）。夫婦から見た親の状況は、妻の約半数はすでに自分の父親は死亡しており、父親が生存している場合にはその約5%が介護が必要であり、母親については約3割がすでに死亡し、約1割は介護が必要な状況にあるといえる。また、夫についてもおおむね同様である。

ただ年齢による違いが大きい。

生存している親について、妻の年齢別に介護の要否を見るとどうか。介護の必要な親の割合は、29歳以下では1～3%であり、30代になると5～6%と、5%前後となる。40代では14～18%とその割合は30代から10%ポイント程度高まり、50歳以上になると36～45%と、さらに急激に上昇して4割前後となる。自分の子育てと重なることは少ないが、孫の世話とは重なる可能性が高い。

## 4 親を思う子の言葉

平成10（1998）年頃の50歳前後の子が介護が絡む親を思う言葉を二つほど引いておきたい。

2か月前に他界した父の後を追うように、母が逝ってしまった。82歳の誕生日を目前にして……。

／父の看病と世話に明け暮れた十数年。晩年は1日たりとも母なしでは過ごせなかった父だったが、母は、そんな父を持て余すそぶりも見せなかった。自分も3年前に病に倒れたのだが、気力を振り絞って頑張っていた。父の死で、もう自分の役目は終わったと思ったのだろうか。／母は、「痛い思いまでして生きたくない。子供には迷惑をかけたくない」と尊厳死協会に入会し、自分で探したケアハウスに移った。（新潟市・T子・48）

アルツハイマー型痴ほう症になって7年、父は昨年、88歳の米寿を迎えた。／寡黙で頑固、人にも自分にも厳しく、仕事が趣味のような父だった。子供のころの私は、「お父さんって何か楽しいことがあるんだろうか」と、不思議に思っていた。いつも苦虫をかみつぶしたような顔をしていたが、子煩悩なところもあった。晩酌では、子供を酒のさかなにして、お銚子1本の酒に酔いしれていた。／その父が、こともあろうに、子供の顔も名前も何もかも記憶から消えてしまう病気になるなんて。病名を聞かされた時は、ただ悔しくて悲しかった。でも今では、嘆いているよりも、少しでも長く、父と話す時間を持とうと思っている。（八王子市・O子・54）

## 5　赤ちゃん取り違え事件

### 平成25年判決のケース

平成25（2013）年の年末には、新生児の取り違え事件が話題を呼んだ。これは過去にも何回か起こっている。病院出産が多くなったことゆえの現象である。

平成25年10月26日に東京地裁で勝訴した男性（60歳）のケースでは、2年前に実弟らから連絡があり、24年1月にDNA鑑定を受けて事実が判明した。男性は昭和28年（1953）東京都墨田区の病院で出生、13分後に別の新生児と取り違えられた。

引き取られた家庭は、2年後に父親が死亡して生活保護も受けた母子家庭であった。本人は町工場で働きながら定時制高校を卒業して今はトラック運転手。厳しい環境だった。「育ての母親はできることを精いっぱいやってくれ、兄二人にも可愛がってもらった」と感謝の思いを語っている。

他方、男性が本来育つはずだった家庭は教育熱心、経済的にもゆとりがあり、取り違えられた男性と弟3人は全員私立高校から大学へ進んでいる。彼も間違いがなければ、同じコースを進めたであろうとの思いがある。

判決は、「家庭環境だけで必然的に学歴が決まるわけではない」としながら、およそ大学進学を望めない環境が精神的な苦痛を与えたと認めた。約59年間、肉親との交流を一切持てなかったことも考慮し、男性が受け取るべき慰謝料は3200万円とした。

また、男性の実の両親（すでに死亡）は「生前に取り違えを認識していなかったとしても、実の子と生活する機会を永遠に奪われた」と指摘。慰謝料の相続分として、男性の実の弟3人に計600万円を支払うよう病院側に命じた。

**平成18年判決のケース**

平成18（2006）年10月に二審判決があったケースはこうである。

男性（48歳）は昭和33（1958）年4月、東京都立病院で出生、5日目頃までに取り違えが起こった。判明の決め手は血液検査。戸籍上の母親はB型、父親はO型、男性はA型で、通常の親子ではありえない。DNA鑑定でも「親子関係にない」との結論を得たので、男性と両親は東京都を相手に賠償を求めた。一審は時効ありとして敗訴したが、二審の東京高裁では時効の起点を変更して平成18年10月に勝訴した。「真の親や子と家庭生活を過ごすことができず、産院の重大な過失で人生を狂わされた」として東京都に計2000万円の支払いを命じた。

高裁は、原告側が保管していたへその緒が男性のものとDNA鑑定で確認されたことから、へその緒がとれた生後5日目頃までに取り違えがあったと認定、その上で、提訴まで46年という時の経過で賠償請求権が消滅したかどうか検討した。……取り違えは非常にわかりにくく、その事実を知ることのできる事情が生じて初めて権利行使が期待できるとした。

なおこのケースでは、実の親のことはまったくわかっていない。本人は、「前進はしたが、本当の両親もかなりの高齢のはず、残された時間は少ない」と親探しを続ける決意でいる。

このようなケースを見ていると、真の親子関係の存在は実に重要で、人間にとって親子の確認は一番根源的な問題の一つであることがよく理解される。

以上の二つは実際に起こったケースだが、平成25（2013）年には、取り違え問題を映画化した作品が登場して、かなりの話題を呼んだ。是枝裕和監督の「そして父になる」である。第66回カンヌ映画祭で審査員賞を受賞した。

映画における本人たちは、6年前に前橋の病院で生まれた男の子同士。「沐浴時に看護師が取り違えた」と病院事務局長は説明した。その電話があったとき、東京の大手会社サラリーマンである夫婦は大変動揺する。子は有名私立小学校の受験に合格したばかりである。一人っ子で過保護に育ててきた。相手の家族は地元近くの電気工事店経営。子だくさんで、豊かではないが賑やかに暮らしている。その子が小学校入学に際し、血液検査をしたら両親と一致しなくて病院に持ち込んだという。

東京の夫婦のほうが動揺が大きかったが、結局は交換するしかない。何度も何度も交流を重ねてもなかなか親子にはなれない。それでも何とか父になれそうだというところで話は終わっている。

小学生の段階で取り違えが判明したら、実に大変なことになると共感させられる物語である。

# 5章　児童虐待と子の救済

## 1　児童虐待の激増

平成23（2011）年9月、東京都で41歳の母親が、5歳の三男の手足を縛り、目や口をテープでふさいでゴミ袋をかぶせて死亡させた。夫はうつで、彼女も4人の子育てと仕事で疲れ果て睡眠導入剤を飲んでいた。

平成25年10月、豊中市で38歳の父親が、1歳2カ月の娘を両手で抱えて床に落とし、後頭部出血で死亡させた。「自分になつかず、食事をさせたが泣きやまないので、イライラして床に落とした」と容疑を認めている。

- 平成2（1990）年＝1101件
- 平成12（2000）年＝1万7725件
- 平成24（2012）年＝6万6807件

これは、全国の児童相談所が対応した児童虐待（18歳未満児）の（通報受理）件数である。統計をとりはじめてから22年連続して過去最多を更新、22年前と比べると実に61倍の増加である。被害通報の方法が変わり、最近は警察からの通報が多くなったことがあるにせよ、虐待そのものも確実に増えている。

平成年間を通じて、これほど大きく（しかも悪いほうに）増加した項目はほかにない。これでは、夫婦関係が少し改善（離婚率の低下や夫の家事手伝いの増加など）され、親子関係も多少よくなった（18歳未満児と親との同居割合の向上など）としても、それを帳消しにしかねない大きな問題となってきた。

もっとも、結果として施設に収容された児童の数が急増したわけではない。養護施設と乳児院を合計すると、平成2年＝3万222、平成25年＝3万2399で8％増である。しかし14歳未満人口と対比すると、0・13％から0・19％へと5割近くも増加しているのである。

ただしこれは子を持つ家族全体の問題ではなく、おそらく大部分は、親が生活の感情を抑制しにくくなった低所得家族の増加が問題なのであろう。

## 2　関係者の続柄

虐待を受ける子は、2歳以下の乳幼児が一番多い（平成11〈1999〉年統計で20％）が、学齢前29％、小学生35％から高校生にまで及んでいる。

気の毒なのは虐待で亡くなる子どもである。平成23（2011）年度99人のうち、0歳児25人、1～

2歳児39人とほとんどが幼い子である。そのうち無理心中は41人。全体を通して加害者は、実母57％、実父19％、父と母9％、継父母8％とほとんどが親である。

内容の種類としては、放任・酷使・蹴る殴るなどの身体的虐待が66％、食事を与えないなどの育児放棄が28％で、この二つが大部分だった。

一般的に虐待は、家族の抱える社会的、経済的、心理的なさまざまな要因により生じるとされている。親側の要因としては、親自身が子どもの頃に虐待を受けていたり、親が弱年齢で情緒的・社会的に未熟な状態であったりすることと、子ども側の要因としては、いわゆる手のかかる子であるほど、親の負担感を増すことが考えられる。また家族全体では、経済的問題、精神的疾患、離婚、別居、夫婦不和など家族関係上のストレス、仕事上のストレス、望まない出産、孤立した育児環境などが虐待の背景として考えられる。とくに最近は、長い不景気により低収入すらも不安定になってきて、穏やかな感情を保てないという背景が一番大きな動因だったのではないだろうか。

このことからも、景気の早期回復が望まれる。平成25（2013）年後半から景気が回復してきた。この成果を見守りたい。

## 3　法的対応と実際

実は、法的な対応としては、平成12（2000）年に「児童虐待の防止等に関する法律」が施行され、さらに平成24(2012)年には、児童相談所が親権の停止を家庭裁判所に申し立てできるよう改正された。しかし平成24年での親権停止の申し立て例は27件にとどまって、激増する総件数の前では防止法とともに、ほとんど機能していない。「絵に描いた餅」と皮肉ったマスコミもあった。

実際には、児童相談所の現場への対応が一番重要になる。大阪市児童相談所の児童虐待ホットラインは365日の昼夜、51人の職員がいて1人で100ケース以上を担当し、対応に当たっているが、それでも追いつかず、難しい件数が増え続けているという。

この猛烈な忙しさが、児童相談所の他の業務の遂行を阻害することにもなっているのである。実に困ったことである。

虐待をした保護者の約3割は虐待を認めているが、自分の力では解決できないので社会的な援助を求めていることが、平成21(2009)年の児童相談所長会の調査でわかった。「経済的な困難」33%、「弱った心理」31%、「一人親家庭」26%などの背景からの虐待で、3割は援助を求めたいとし、その援助があれば立ち直る可能性があるといっている。

しかしそうではないケースのほうがずっと多く、結局被虐待児の多くは、乳児院・児童養護施設に収容され、一部が里親に委託される。こうして平成24年では、乳児院に約3000人、児童養護施設に約3万人が入所し、里子として5000人前後が委託されている。合計すれば4万人に近いが、1年間当たりで数えれば3000~4000人が発生する程度である。

こうした不遇の児童に対する措置としては、平成12年に前記の法が制定され、平成16(2004)年には地方自治体の取り組みが義務化された。発見件数は増加しているものの、親への対応は向上せず、児童相談所が介入して施設に保護するだけの体制は少しも変わっていない。

本来、実親が不在もしくは養育能力がない要保護児童に対しては、親代わりになる職員が多数であったり転勤になったりする施設よりも、特定の家族（夫婦）が与えられることが一番望ましい。そのためほとんどの国では、里親の里子になること（数年間）、もしくは養親の養子になること（永続的）の道が広く開かれている。

しかし日本では、里子に委託される子どもは平成23（2011）年度で約600名、従来分を含めて4966名、特別養子縁組で養子になれた子も362名（平成24年は339名）ほどにすぎず、施設委託になる子が80％を超えていた。この割合は欧米先進国の傾向とはまったく逆で、里親か養親が与えられる日本の割合は群を抜いて少ない。他の国々で里親か養親を得られる子の割合は30〜90％もあるのである。

そのため日本でも、平成14（2002）年度に里親制度には短期里親・専門里親を新設するなど大きな改革が加えられて、里子委託はファミリーホームを含めて平成25年には10・8％を超えるまでに増加してきた。里親制度にはかなりの改善が見られる。

ところが、養子制度のほうには発展が見られない。特別養子は、制度発足の平成元（1989）年には1205組も認定成立したがその後は減少し、平成10年以降は各年400件未満に低迷している。この縁組制度の対象候補者として考えられるのは少なくとも施設にいる約3万5000名、里子となっている約4000名の計約4万名の中に多数いるはずである。入所児のうち、実親と交流が保たれている者は除外してよいが、それは約30％にすぎないという。この膨大な要保護児童の中のほんの一部（1％弱）のみしか、特別養子になっていないのは実に残念なことである。これは日本の養子制度が、現代の不幸児童問題に対処するようになっていないからである。

そこで以下、養子制度を全面的に再検討してみることにしよう。

## 4　子のためでない養子縁組

親子の関係のない人間同士の間に、法律的な親子関係を設定する「養子縁組制度」は、他国と同様日本においても古くから多くの形で活用されてきた。全体を一望してみよう。

戦前ずっと使われてきたいわゆる明治民法では、養子縁組と同時に養子と養親の娘とが婚姻をするという「婿養子縁組」が法的にも認められていた。養親となるはずの者の遺言に基づいてされた養子縁組である「遺言養子」とともに、家の継続のための男の家督相続人を得ることを目的としたものである。

また、このような「家のための養子」の側面のほかに、養親の老後の面倒を見ることを主目的とする「親のための養子」も広く行われていた。そして制度の乱用や悪用も目立ち、徴兵を免れるための「兵隊のがれ養子」や、人身売買を仮装するための「芸娼妓縁組」、あるいは財産分けのために妾を養子とする「妾養子」、結婚等のため有力者の養子になって家格を上げるための「仮親養子」、ブラジル行きのための「移民養子」などが横行した。

昭和23（1948）年の新民法の制定によって、「家のための養子」からは脱却し、未成年養子を原則として家庭裁判所の許可を要するものとした。さらに、昭和62（1987）年には「特別養子制度」を新設して「子のための養子」が目的であるべきことを明確にした。しかし、従来の普通養子の制度も成年養子を含め残しており、今なお「親のための養子」として利用される余地を残している。なお、婿養子縁組の制度は戦後の新民法の下では廃止されたが、婚姻と養子縁組を同時に別々にすることは可能であり、事実上の慣行としては今なおかなり残存している。最近の成人養子の大部分は婿養子と同じことが行われていると推定され、結局国民感情に「家」的な要素を残す原因となっていると思われる。また、普通養子には年齢差の規定もなく、人数の制限もないところから、昭和30年代には「相続税減らし」のために多用され、平成21（1999）年には、200組の養子縁組の虚偽の届け出をし、養親の預金口座を売って2500万円以上儲けた3人が逮捕されるような事件も起こっている。

これらの観点からすれば、目的を「子のための養子」に集中することからいっても、成年養子の制度を廃止することを検討したらどうだろうか。イギリス、ドイツ、アメリカ（一部の州）、オーストラリア、ロシアなどの諸国では、すでに成年養子は廃止されているのである。残っているフランスやイタリアでも日本ほどは利用されていない。

## 5　養子縁組の内訳

最近の日本では、養子縁組の総件数が年間約8～10万件あることが法務省の報告（『法務年鑑』）でわかっている（昭和30〈1955〉年＝約10万件、昭和55〈1980〉年＝約9万件、平成23〈2011〉年＝8万1556件だった）。この件数からいえば、日本は有数の養子大国である。

しかしその内訳は発表されないので少しもわからない。ただし法務省が昭和57年（1982）年10月に行った全国的なサンプル調査があり、対象者2247名の結果から大勢を推測することはできる。

第一に、養子の年齢から見て、未成年養子は32％で成年養子67％のほぼ半数である。ただし大都市では未成年養子が54％だが、町村では78％が成年養子で、地域差が大きい。

第二に、養子の年齢が未成年の場合と40歳以上の場合では、性別の割合は86％という多数が男である。実数としても20～30代の男が半数近くを占め、婿養子縁組と同じように使われていることが推測できる。

第三に、60歳以上の養子が0・9％あり、うち70歳以上も0・1％あった。養親は必ず年上でなくてはならないから、78歳くらいの人と73歳くらいの人との養子縁組があったことを推測される。しかし、このような老人同士の縁組が「養子縁組」といえるものだろうか。これが現代でもまかり通っている制度はおかしいのである。

第四に、子どもを養子とするものも確かにある。しかし、5歳以下の乳幼児11％、6～14歳の学齢期

## 朝日選書 話題の新刊

# 中身が濃いのに読みやすい。

朝日選書は創刊40周年。
身近な「知」を目指します。

913

### 日中をひらいた男 高碕達之助

牧村健一郎

1512円　978-4-02-263013-1

日中国交正常化への道をひらいたLT貿易の立役者。日ソ漁業権交渉等、世界と渡り合った経済人の生涯。

14

### 西洋の書物工房 ロゼッタ・ストーンからモロッコ革の本まで

貴田 庄

1512円　978-4-02-263014-8

よる各部の起源と変遷を、美しい革装本

919

### 平安人の心で「源氏物語」を読む

山本淳子

1620円　978-4-02-263019-3

平安ウワサ社会を知れば、物語がとびきり面白くなる！　時代を紐解き、宮廷社会のリアルへと誘う。

920

### 東大で文学を学ぶ ドストエフスキーから谷崎潤一郎へ

辻原 登

1620円　978-4-02-263020-9

東大生に人気の授業が本に。今脂がのっている小説家が世界、日本文学を語りつくした名講義。

921

### 官房長官 側近の政治学

星 浩

1296円　978-4-02-263021-6

仕事の範囲、歴代のタイプ・手法を分析し、政治の構造を解剖。安倍内閣・菅官房長官のインタビュー付き。

922

### 溺れるものと救われるもの

プリーモ・レーヴィ 著
竹山博英 訳

1512円　978-4-02-263022-3

生還後の40年間、考え抜いて綴った自らの体験。アウシュヴィッツとは何だったのかを問う古典的名著。

91

本を成立さ
の写真とともに紹介。西洋の書物史の全てがわかる

915

# 根来寺を解く
## 密教文化伝承の実像

中川委紀子

1728円 978-4-02-263015-5

鉄砲を手に僧兵が跋扈した巨大寺院？　果たしてその実態とは。密教相伝九〇〇年の歴史を読み解く。

916

# 『枕草子』の歴史学
## 春は曙の謎を解く

五味文彦

1620円 978-4-02-263016-2

なぜ「春は曙」から？　どういう情景？　清少納言の感性、道長との関係……意外な事実が見えてきた！

917

# 光る生物の話

下村脩

1404円 978-4-02-263017-9

生物発光の謎を解いてノーベル化学賞を受賞した下村博士が解説する、光る生物たちの華麗な世界。

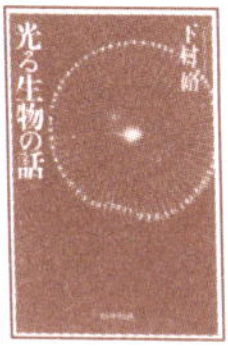


918

# 病から詩がうまれる
## 看取り医がみた幸せと悲哀

大井玄

1404円 978-4-02-263018-6

『「痴呆老人」は何を見ているか』の著者が、終末期に寄り添い、詩歌による悲嘆と安堵をみつめる。

923

武田薫

1728円 978-4-02-263023-0

金栗四三、円谷幸吉、瀬古利彦……彼らは何を背負って走ったか。日本人にとってマラソンとは何か。

924

# マヤ・アンデス・琉球
## 環境考古学で読み解く「敗者の文明」

青山和夫、米延仁志、坂井正人、高宮広土

1512円 978-4-02-263024-7

歴史の表舞台から消された環太平洋の古代文明。環境変動をいかに乗り越え、自然と共生したか。

925

# 巨匠 狩野探幽の誕生
## 江戸初期、将軍も天皇も愛した画家の才能と境遇

門脇むつみ

1836円 978-4-02-263025-4

他の画家と何が違い、文化人とどう交流し、いかにして組織を率いたか。図版を駆使し解き明かす。

926

# データで読む平成期の家族問題
## 四半世紀で昭和とどう変わったか

湯沢雍彦

1512円 978-4-02-263026-1

生活水準、親子関係、結婚、出産、葬儀……詳細な統計データ、身の上相談、家裁事例で読み解く平成家族像。

図表２－６　最近の全養子縁組の内訳推定

（2011年、総数約81,000件として）

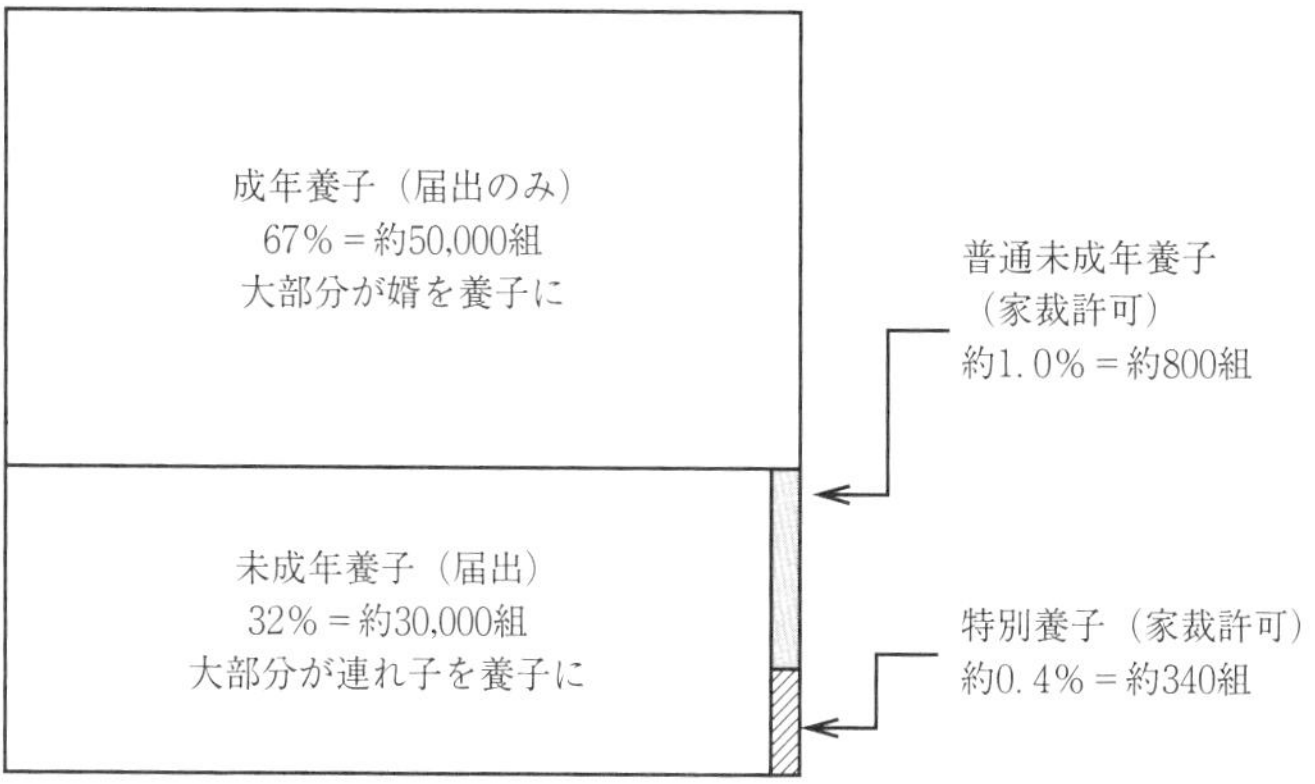


注）各割合は法務省1982年調査から湯沢が推定

は18％で計３割に満たない。また、妻の子（全体の23％）と夫の子（２％）は親の再婚による「連れ子養子」であった。これは半分は子の福祉につながるが、半分は親の都合でもあるものである。要するに、昭和57年にあっても、日本の養子制度は、ほとんどが大人の都合中心であって「子の福祉のため」にはあまりなっていない。これを図にすると**図表２－６**のようになる。

## ６　子ども本位の縁組に

つまり、今後は大人本位で家族制度のしきたりを残す「成年養子」を廃止してでも、不幸な子を救う「子ども本位の養子制度」に進むべきなのである。

第一には、「特別養子縁組」の拡大である。現在は６歳未満という低年齢で区切っているが、17歳までの子が多数いる養護施設入所者のことを考慮すれば、中学卒業年齢すなわち15歳くらいまで引き上げてよいのではないか（もっとも、そうなると養親の年齢条件も引き上げることが必要となろう）。

つまり、特別養子の対象となりうる要保護児童は、毎年２０００～２５００名は発生する（すでに施設に在所している児童を累計すればその数倍になろう）。これに対して、その養親になりうる候補はどのくらいいるだろうか。平成22（２０１０）年国勢調査からおおまかに推算すると、30代・40代の無子夫婦は約80万組あり、その中で養子を求める希望がある夫婦は4分の1程度としても20万組はいることになる。この両者をどううまくマッチさせるかを国は重要な課題とすべきである。

また「特別養子」（6歳未満で保護を必要とし、養親の元で6カ月以上監護された者）ではなく「普通養子」のほうがふさわしいケースもあるであろう。その場合も家庭裁判所の審判対象となることはもちろんである。

第三には、いわゆる「連れ子養子」が問題になる。大人同士は合意によって夫婦になるのだからよいとしても、子のほうは突然新しい親ができることになる。子の年齢にもよるが、10歳以上ならば十分納得した上での縁組であってほしい。そうなると家裁の審判事項とすることが望ましい。

こうなると子のための養子法はヨーロッパ諸国に見られるように「未成年者養子法」として民法から独立し、併せてあっせん手続きをも含めた「未成年者養子縁組・あっせん法」となることが望ましい。それには国際養子縁組も含まれることが必要となる。あっせん機関には児童相談所とともに市民に近い民間機関が並立することが望ましい。

この考えは、すでに平成24年に国際私法学者・奥田安弘中央大学教授ら5名から提出された「養子縁組あっせん法試案」[10]に近い。細部には異論が多くあるが大いに参考になる。

## 7　未成年養子制度の改革

この試案も参考として、全体的な結論をまとめると次のようになる。

1．要保護児童を救う最善の方策は、養親を定めて特別養子縁組をすることである。

2．しかし日本では、最近10年間は年間400件未満しか成立せず、先進他国に比べてきわめて不振である。それは該当者がいないからなのではなく、制度全体が不備であっせんが進まないからである。

3．そのためには、現行法下でも児童相談所や施設側に縁組について、まず意識の向上が必要である。それだけでも数倍は進むであろう。

4．しかし根本的には、制度全体が不十分なので、民法中の縁組制度から分離して、15歳未満児の特別養子・国際養子・具体的手続き方法を含めた「未成年者養子縁組・あっせん法」を成立させるべきであろう。

5．これを実際に促進するためにはどうしても、中央と各府県の児童福祉部門に「養子・里親専門局（課）」を設置する必要があるであろう。

6．実施機関としては、各府県の中央児童相談所に養子・里親専門職員2名以上を配置するほか、各府県に1カ所以上、府県に認可された民間あっせん機関を置き、双方で事業を促進すべきである。

7. 各機関には、養子・里親問題のほか、出産に葛藤を持つ女性のための相談室を置き、また別にマスコミ機関の協力を得て里親待機夫婦を増やすなどの活動も必要である。

# 6章　特別養子と真実告知

昭和最後の63（1988）年1月から新しい養子制度が発足して、不幸な子どもに新しい親を与える制度ができた。平成時代に入ってその子たちの総数は1万人を超えた。特別養子は、いわば平成の申し子ともいえる新しい親子関係の誕生なので、詳しく紹介する値打ちがあると思われる。私が直接協力してきた民間あっせん機関の一つ（岡山県ベビー救済協会[11]）を中心に具体的な姿を紹介してみよう。

## あっせんの実情

「岡山県ベビー救済協会」は、民間で十数カ所ある養子縁組あっせん機関の一つで、第二種社会福祉事業の法人である。特色は、岡山県産婦人科医師会の援助があることで、その総意を得て平成4（1992）年に発足した。このような県ぐるみの組織は昭和51（1976）年から平成9（1997）年まで存在した愛知県産婦人科医師会の「赤ちゃん縁組無料相談」があったが、創立者の会長が死亡後は廃止されたので現在のところ岡山が唯一のものである。

養子候補者となる子の母親からの申し込み希望は、全国の産婦人科医院を通してこの協会へ連絡されるが、その数は初年度の平成4年こそ4件であったが、翌平成5年からは10～30件程度に増加して寄せられた。これに対し、養親になりたいという申し込みは、毎年この2倍以上あった。もちろん無条件で認めるわけではなく、岡山医師会館内に置かれた協会事務所で、会長と補助職員が直接面接して、その理由、家族関係、親族の同意、収入状況、養育熱意などを十分確認した上で養親候補者名簿に加えていった。登録順に処理され、養子となる子の性別や病気の有無についての希望は認めないとした。

この協会では、あらかじめ連絡があった産院から出産直前との通知があると、養親希望夫婦を出産の場所まで呼び寄せ、職員が現地まで出張して両者によく説明し、実母が出生届け出をした（子の名は養親の希望のものを使う）上で産後数日にして子を養親候補者に引き渡す。養親は6カ月以上監護したのちに、家庭裁判所へ特別養子縁組の申し立てをして審判を受ける。最近では、この種の福祉法人があっせんしたケースについてはほとんどが認容（許可）されるようである。こうして子と養親との法的親子関係が成立し、実親とは戸籍上も事実上も絶縁される。

この協会の実績としては、平成4年度から21年度までの18年間で、339件のあっせんを行い、うち334件の縁組成立をみている（年平均18・6件）。

成立しなかった5件は、

- 実母が返還を強く求めたもの　2件
- 乳児に脳障害があったもの　2件

・乳児にてんかんがあったもの　1件
の理由によるものである。

**その後の事情**

この特別養子となった子どもたちは、その後無事に育っているであろうか。

協会は平成20（2008）年7月、ここのあっせんにより縁組が成立した323組の養親に対し、真実告知を含む成長状況についてのアンケート調査を行った。しかし回収状況が思わしくないので、22年6月までに成立した養親も加えた調査を追加した。計344組を対象としたが、アンケートの回答は152例（44・2%）にとどまった。

無回答者172件の中には、転居による住所不明者が1〜2割いるものの、あっせん機関からの来信を嫌う者、真実告知に関する質問を嫌った者が多数いるものと推測された。

回答した養親は、日本人137組、外国人15組で、あっせん夫婦総数の中では、日本人は44・1%、外国人は45・5%が回答している。なお回答者の4割近くは、日本人、外国人の別なく、回答とは別に協会に対し深い感謝の言葉を記している。

〔養子の現在の健康状態〕
養子が12〜15歳になった記載者21名中、健康状態は良好14名、普通6名、不良1名であった。良好と普通は病気でないということであろうから、全体としての健康状態はきわめて良好だということになる。
しかし、良好とした中に喘息、心室中隔欠損症が各々1名あり、普通とした中にも発達障害とした者が3例あった。また、不良の1例（14歳男）は、不登校が続き、社会生活適応障害に近いと付記されている。

〔養子の現在の性格〕

記載者21名は、養子の現在の性格について次のような項目を複数記載している。

活発で元気16名、やさしい16名、おとなしい2名、わがまま5名、落ち着きがない4名、気むずかしい1名。このうち、プラスの評価といえる活発で元気、やさしいが8割近くの子に与えられているのが注目される。もっとも、14〜15歳時の中には、不登校があったものが2名おり、10歳前後に、反抗的態度をとったことがあったが、今は治まりつつあると書いた者もいる。「今は反抗期なのか難しい。憎たらしいやら可愛いやら、子ども（娘）と対等にけんかばかりしています」という養親もいた。しかし全体としてはよく育っているといえそうである。「このアンケートを頂くまでは、養子であることを10年間忘れていました」というものもあった。

## 真実告知をめぐる問題

真実告知とは、「養親が養子に対し本当はあなたの実の親でないことを告げる行為」のことをいう。

子が乳幼児のときに縁組する特別養子縁組では、このことは一番難しい問題とされている。

**12〜15歳の養子の場合**

まず、初期に扱った例で、現在は12〜15歳の中学校以上に進学している子の場合はどうか。縁組後10年以上を経過している。これは全部が日本人養親の回答である。

| | |
|---|---|
| 告知した | 2 |
| いつかしたい | 5 |
| 迷っている・考えてない | 4 |
| できたらしたくない | 6 |
| 絶対しない | 3 |
| 無記入 | 1 |
| 計 | 21 |

結局、21例中、真実告知をすませたのは2例のみで、9・5%にすぎない。

半数の者は「するかしないか迷っている」「できたらしたくない」であり、「絶対しない」の3例は「すべきでない」「しない方がよい」との確信を持っている。全体として、このグループにある養親は、告知を否定する方向に傾いている。
「告知しない」の例はこういう考えである。
• 告知しない（する必要性があるのか分からない）。
• 告知しない。知らないですむものであれば、あえて知らせる必要はないと思う。
「迷っている」「したくない」の人々の例はこうである。
• できるだけ告知しないでいたいと思っている。私達（父母）のどちらか最後に残った人が事実を告げられたらよいと思っている。
• 告知したくないのは、やはり本当の親子だと思っていたいという気持ちが強いからだと思います。
• 正直言って、告知しないですめばそのままそういう状態にして過ごしていきたいです。
• 今まで告知していないのは、子ども自身が事実を受け止めきれなかったらどうしようという心配からです。しかし周りの情報から知るよりも、親の口から誠心誠意話した方がよいと思っています。いつどのようにか迷っています。
• 私達を実の親（血のつながりのある）と信じて育っています。かわいそうで言えそうもありません。大人になって、本人が子どもを持つくらいの年齢になったら伝えるかもしれません。
• 本人が結婚をし、母親となれば話してもよいかと思っています。でもできれば話さずにすむものならと思っています。育ての親である母親から話したいと思います。現在の不安は告知したときに生みの親のことをどのように話そうかということです。生きていれば会いたいと思うでしょうが向こうは会いたいと思わないかもしれません。亡くなったということにしようかと今は考えています。

「いつかする」の人々の例はこうである。

- 18〜20歳頃、両親から話したい。
- 20歳頃話したい。
- 20歳頃（中学生等の不安定な時期を過ぎてから）母より話したい。
- 結婚するときかなと思っていますが、まだわかりません。

**6〜8歳になった養子の場合**

しかし、養子の年齢6〜8歳（小学校下級生相当）のグループについて見ると異なっている。このグループは回答者日本人29名中19名が、外国人6名中5名が告知したと記載しており、とくに日本人の告知率の高さが目を引く。告知したときの様子について列挙してみる。

0歳頃話しました。常に語りかけ、3、4歳ではっきり話しました。両親から。赤ちゃんの頃から子守唄のように「○○ちゃんはママのおなかから生まれてないけどママの子なのよ」と。小さい頃からだったので、そのようなものか、と思っているようでした。（その後）時々「ママのおなかから生まれたかった」と言います。でも引き取りに迎えに行ったときの写真なども見せながら話して聞かせています。（現在8歳女）

6歳頃、父親から。小学校に上がる前に告知すると一番受け入れやすい、ということを何かで読むか聞くかしたことがあったため、母が父に相談し、告知した。とても驚いていた。混乱していた。父親が、「養子だとしても今までどおり変わることなく一緒に生活するし、大好きだ」ということを言うと落ち着いていた。しばらくは、「生みの親に会ってみたい、電話してみたい」と言っていた。親がたくさんいることが嬉しいように見受けられた。今は、普段は忘れているようで、そのような話になったときに思い出しているようだ。（8歳女）

7歳頃（小学校に入学する前に話したほうがよかったと反省しています）。父親から話した。夏休み期間中に話をすることにしていて、ある日の夜、大事な話があるから聞いてほしいと言って話しました。ずっと1時間くらいは泣いていました。でも次の日はもう元気でいつもどおりの娘に戻っていました。生みの親と育ての親を理解し、それまで通り変わりなく生活しています。大きくなったら生みの親に会いたいと言っています。（8歳女）

4歳頃、母から。絆の会でお友達になった方が子どもを迎えたのをきっかけに話しました。目にいっぱい涙をためて、ただ、黙っていました。あまりびっくりした様子はなかったように思いました。1カ月くらいは時々思い出したように聞かれましたが、そのたびに正直に話しました。今までと変わ

らずに接してくれています。（7歳女）

では、告知をめぐる全体の分布はどうであったか。平成22（2010）年7月までに回答があった152件を中心にまとめると**図表2－7**のようになった。

日本人、外国人とも回答なしが過半数を超えている。外国人の場合は駐留軍基地にいた外国人で転居先不明のための無回答が多いが、日本人の場合は転居先不明は1割程度で残りは意図的な無回答であろう。その大部分は真実告知の質問に回答したくなかったためと推測される。

もし、その推測が正しいとなると、日本人で「告知した」は11％になり、9割近くが「告知しない」ことになる。これは、8割近くが「告知した」外国人に比べて、正反対の態度だということになる。この大きな違いは何によるものだろうか。

**図表2－7　真実告知についての回答**

| 養親 | | 日本人 | | 外国人 | |
|---|---|---|---|---|---|
| 総数 | | 283件 | | 33件 | |
| 回答あり | 計 | 137件 | 100.0% | 15件 | 100.0% |
| | a．すでに告知した | 32 | 23.4 | 12 | 80.0 |
| | b．いつか告知したい | 62 | 45.3 | 2 | 13.3 |
| | c．迷っている・考えていない | 18 | 13.1 | — | — |
| | d．したくない | 8 | 5.8 | — | — |
| | e．絶対しない | 9 | 6.6 | — | — |
| | f．無記入 | 8 | 5.8 | 1 | 6.7 |
| 回答なし | 計 | 146件 | | 18 | |
| | 回答なし・所在不明 | 146 | | 18 | |

注）堀章一郎編『岡山県ベビー救済協会20年の歩み』

全体から判断すれば、真実告知はできる限り行うことが望ましいが、種々の条件からして行わない養親がいても責めることはできないということになろう。アンケートに対する非回答者の割合の多さからみると、現実には、5～7割程度の特別養子は、真実告知を受けないまま成人になるのではないかと予想される。それが、日本人のパーソナリティないし親子の人間関係の特性なのであろう。

# 第三部

# 関連問題のトピックス

# 1章　家庭の内側

## 1　主婦向け雑誌の廃刊

### 四大婦人雑誌の花盛り

戦後の昭和時代は、婦人向けの雑誌、とくに主婦を対象とした婦人雑誌が、非常に盛んになった時代だった。もちろん、この分野だけではなく、雑誌全体が全盛期になったのである。活字と情報に飢えていた庶民に対し、昭和20年代には新聞社系の週刊誌4誌が創刊、30年代に入ると出版社系の週刊誌が7誌以上も出て、いずれも歓迎された。女性週刊誌2誌も加えて、「週刊誌戦国時代」といわれた。さらには漫画月刊誌や青年雑誌も加わって、月刊誌・週刊誌の黄金時代を現出していた。その中にあって、主婦向け雑誌も独自のきらめきを放って健闘していた。

時代に先駆けて大正6（1917）年に創刊されていた『主婦の友』（戦前は『主婦之友』）は、老舗の貫録を示して昭和9（1934）年には発行部数108万部を記録していた。都市部のサラリーマン中産階級が増えて、家庭で生活向上を考える「主婦」が多くなってきたためである。「結婚したら主婦之友」という言葉まで生まれた。戦中・戦後は出版統制を受けたものの、終戦直後の昭和21（1946）年には早くも復活したが、競争誌も増えてきた。

同じ昭和21年には『主婦と生活』誌が、翌22年には『婦人生活』誌がそれぞれ創刊され、戦前の大正9（1920）年に創刊されていた『婦人倶楽部』とともに、四大婦人雑誌時代を作って、ほぼ半世紀の間競いあった（昭和23年には弱小雑誌を含めて9誌もあったが、1年で4誌にしぼられた）。

それがそろって、昭和時代末期から平成20（2008）年の間の時期に姿を消してしまった。各誌はそれぞれ「休刊」や「終刊」という言葉を使ったが、前の形で復活することはまずないであろうから、「廃刊」にほかならなかった。これは、家庭生活の変貌を具体的に告げる大きな出来事の一つといってよいだろう。

四大誌の存続期間は次のとおり。

『主婦の友』　大正6年〜平成20年　（91年間）
『婦人倶楽部』　大正9　〜昭和63　（68年間）
『主婦と生活』　昭和21　〜平成5　（48年間）
『婦人生活』　昭和22　〜昭和61　（40年間）

## 主婦向け雑誌が目指したもの

大正時代に創刊された2誌の目指したものは、それなりに明快である。都市で増えてきたサラリーマン家庭の無職の妻を対象に、「家庭を守る女性の幸せをあらゆる角度から追求する編集の基本姿勢」（『婦人倶楽部』最後の編集長田中忠宏の言葉）はずっと変わっていなかったという。

『主婦の友』も、都市の主婦に特化して、その生活向上意欲を満たすべく、洋風の美容法や新しい調理、家計の考え方などを中心に、時には女性参政権や世界平和などの政治問題も取り上げたが、総じていえば、女性に「時代を映した暮らしの知恵」を授けるものだった。

戦後のものとしては、『主婦と生活』の最終号（平成5〈1993〉年）で、歴代編集長4氏が集まって編集方針を語った座談会がよく時代の特色を押さえている。

戦後すぐ、会社の創設者大島秀一が銀座に立って女性を眺めているうちに「着るものだ！　これに女性は飢えている！」とひらめいたのが始まりだという。はじめは「スタイルブック」を7号作ったが、やがて雑誌に統一された。スタイルのほうは「カタガミ（型紙）のイラスト」として付録になり、昭和20年代後半に始まった付録の「家計簿」や「料理付録」とともに、婦人雑誌の大きな特色を形作った（「避妊ダイヤル」や「男女児を自由に産みわけるには」といった袋とじ付録がついたこともある）。テレビがなく、電化製品も外食産業もまだなかった昭和20年代は、主婦が家庭で衣服を縫い、直し、自宅で調理するほかなく、それらを支える参考書としての婦人雑誌は正に黄金時代だった。団塊世代の女性が次々と結婚していった昭和40年代の『主婦と生活』平常号は80万部も出ていたという（『主婦の友』も昭和44〈1969〉年2月号には72万8000部の戦後最多を記録していた）。

それを過ぎて昭和49（1974）年に編集長になった井上清は、

「ただ一番、不思議に思ったのは、編集者より読者のほうがプロになってきてるという感じがしたことね。いわゆる木島則夫をはじめとしたニュースショーが花盛りで、我々が机に向かって仕事している時間帯に、彼女たちはお茶の間でどんどん情報を吸収していた。そのころのニュースショーは、ゴシップだけでなく、婦人誌がやっていた料理や実用記事のおいしい部分を、次から次へとやってたんだ」

「いろんなこと知ってるし、我々が生活評論家といわれる人たちに頼んだ原稿で、お客さんを満足させることがだんだんと難しくなるのでは、ということはすごく感じたね」

と注目すべき発言をしている。主婦に対するテレビの影響力が強まってきたのだ。昭和50年以降（1970年代後半）から大きな転換を迫られることになる。

そして、昭和49年からの編集長であった渡弘昭は、「よりよい人間関係をつくる」を、昭和61（1986）年から63年までの編集長嶋尾通は、「快適な暮らし―応援します」を、昭和63年から平成5年までの高橋暎昌は、「暮らし、知的に、快適に」をコンセプトにしていたと語っている。具体的な衣食住そのものの技術援助の時代は通りすぎた、ということであろうか。半世紀前に30歳前後の年齢層をターゲットとしていたこの雑誌も、最後には、40代以降で、子育てに一段落つけたミセスたちが主対象となっている。最後の編集長高橋暎昌は「人生の折り返しにあたって、〈これからの自分磨き〉〈生きがいの発見〉〈ミドルエイジからの美と健康〉というテーマを柱にしていました」と語った。そして平成5年4月号を最後に女性が大量に社会に進出する頃、時代のニーズに応える役目は果たしたとして休刊してしまうのである。[1]

## 四大誌終焉の意味

『主婦の友』もほぼ似たような経過をたどった。終戦翌年に復刊した同誌は、型紙や家計簿の付録の人気もあって、昭和44(1969)年2月号には戦後のピークを記録した。しかし昭和45(1970)年代から女性の意識と行動が変わりはじめた。ウーマンリブ運動の波が日本でも広まり、結婚・出産よりも自分の好きな道を選べる時代がやってきた。電化を先頭に、衣服も食品も既成品が普及し、家事は楽になり、勤め口も増えて自己収入も増していったので、女性が家庭に囚われている必要がなくなった。「主婦」とか「家庭」とかの言葉は嫌われるようになり、「婦人」も「女性」に代わってきたのだから、従来の婦人雑誌の部数が減ってきたのは当然である。

昭和45年には『an·an』、46年には『non-no』、52年には『MORE』『クロワッサン』などの新しい女性誌の創刊が相次いだ。要するに、女性は、家庭よりも自分1人の人生を楽しむ空気が広がり、それを応援する雑誌のほうが人気が出てきた。このため、四大誌のうち三大誌までが昭和61~平成5(1986~93)年の間に休刊し、たとえば『婦人倶楽部』は、『MINE』『with』『ViVi』といった横文字タイトルの新しい小雑誌に変わっていった。一つだけ残っていた『主婦の友』も、平成4年以降のバブル崩壊時には「パートタイムをマイペースでつづけている人の家事のコツ」などの実用情報に切り替えて、平成7年には60万部にまで回復したが、不況が長引き平成15年以降は7万部台にまで落ち込んでしまった。立ち直れず、ついに平成20（2008）年6月号で「苦渋の決断」（同社取締役村田耕一）で休刊した。大正6（1917）年3月号に創刊されて以来91年間も続けた歴史を閉じたのである。[2]

平成26（2014）年現在でも、やはり古い歴史を持つ『婦人公論』と『婦人の友』の2誌は存続しているが、これは論説とキリスト教生活を中心にするもので、明らかに主婦向けの実用誌ではない。

結局、主婦向けの雑誌は昭和末から平成はじめの10年間でほとんど消えていったのだが、これは日本における「主婦の存在」そのものの激減にほかならない。「主婦」は、家計を預かり、育児を担い、家庭内での夫の行動を規制するなど、暗黙のうちにも「家庭の中心的存在」と意識されてきた。その意識が薄れてきたことは、家族の安定感を失うことにつながるであろう。社会への女性の共同参画が本格化した具体的な象徴として、家族問題の上では大きな出来事だったといわねばならない。

**大学・家政学部の改組**

ついでに触れておくと、この動きは、女子大学における「家政学部」の組織替えとも連動している。日本では、男女共学を原則とする学校制度の大改革が行われた昭和23（1948）年から多くの大学および短期大学に「家政学部」ないし「家政学科」が設けられてきた。内容は、児童（保育）、食物、被服、住居、家庭経済などに関するもので、女子の進学意欲を満たし、大部分が将来は専業主婦になるであろう中産階級女性に直接役立ち、親にも進学を認めてもらいやすいコースとして、昭和50年代まではかなりの学生を集めていた。

しかし、女性の就職志向の高まりや中高教育での家庭科教育の不人気も重なって、志願者は減少を始めた。大阪市立大学は、早くも昭和50（1975）年に家政学部を「生活科学部」に改称し、併せて博士課程を設置できるよう組織替えした（当時は、家政学部は博士課程を認められていなかった）。

日本の原型となったのはアメリカ諸大学の家政学部（Domestic Sciences もしくは Home Economics）で、19世紀も含めて大部分が第二次大戦前に作られた古い歴史を持つ。それが1970年前後から名称を変えはじめた。代表的存在であるといわれてきたコーネル大学は1969年に、ミシガン州立大学は1970年に、ともに Human Ecology に変更した。80年代、90年代も名称変更は進み、95年時点では FCS（Family and Consumer Sciences）へ名称変更した大学が最も多く、Home Economics は7％に減少した。男子学生の入学も10％程度に増えたが、やはり根底には女性生活の変動が反映している。9割の大学は、これを職業教育に適するものと見ていたのである。

日本の進学希望の女子高校生には、「家政」という言葉に対する嫌悪感がさらに強まってきた。そのため日本でも、昭和55（1980）年から90年代初めにかけて名称変更が急速に進行し、平成3（1991）年調査では、私立短大75（162校中）、公立短大8（14校中）、私立大学2（35校中）、国公立大学3（9校中）が変更した。計88校、全体の40％に上る。その代わりとして多くは、「生活」に関連する名称が選ばれている。

国立女子大学の代表的存在であるお茶の水女子大学も、平成５（１９９３）年春に「家政学部」を閉じて「生活科学部」に変わり、児童・食物・被服・家庭経営の４学科は次のような３学科・３講座に再編成された。食物栄養学科、人間・環境科学科、人間生活学科（発達臨床心理学講座、生活社会科学講座、生活文化学講座）。なお、家庭という名称がついていた「家庭経営学科」は、大部分が生活社会科学講座になり、一部が人間・環境科学科に変わった。家庭経営学科は、１期生が入学した昭和43（１９６８）年から最後の修士卒業生を出した平成10年まで足かけ30年間の歴史を閉じた。

また、同じ国立女子大学として関西にあった奈良女子大学も、平成５年に家政学部を改組し、６年から「生活環境学部」に改めている。

このように、国公立の女子大学からは家政学部の名称は消えていったが、平成25（２０１３）年現在、私立女子大学ではなお15校に存続している。日本女子大学、大妻女子大学、京都女子大学などである。中でも、明治34（１９０１）年の専門学校（名称は日本女子大学校）創設当初から、「家政学部」を称して一番の老舗となってきた日本女子大学では、１１０年以上の歴史を守り続けて現在も健在である。家政学部関係の全国研究者組織である「日本家政学会」も、そのままの名称で、財団法人としてなお存続を続けている。

## 2　ケータイ時代の家族関係

### すさまじい普及ぶり

もう何年も前から、座席がほぼふさがった程度の電車に乗り合わせると、乗客の半分以上がケータイを手にして何やらしている様子が見られるようになった。若い客が多ければ、男女を問わずこの割合は増えていく。もちろん、声を出す人はいない。黙々とメールを送り、来たメールを確かめ、インターネットをし、ゲームを楽しんだり、さまざまな内容で小型の道具をあやつっている。これは、昭和時代以前にはまったく見ることができなかった新しい風景なのである。

平成の初めには、電話は据え置き型が当然で、平成2（1990）年には街角に置いてある据置電話を使うために「テレホンカード」が最も売れて、この年だけで3億4000万枚もはけたという。小銭（1分10円）を用意しなくても、カード1枚あれば小銭何枚分も連続してかけられる便利さがあった（50度用が多かった）。表面を別途に注文印刷できるようになると、「創立50周年記念」とか「全快退院御礼」など、慶祝用のものを作って配る風習も広まった。

しかし、ソケットにつながる場所からはずせる電話は、「自動車用移動電話」から発展して、平成2年にはすでに一部があったが、一般的には平成5年から「携帯電話」として発売されると人気を呼び、平成6年末には早くも200万台を突破した。7年末には自動車電話を含めて累計1000万台を突破した。ただし、ケータイは、メール機能がまだなかったため、列車・電車内では肉声がとびかってやかましくなり、苦情が増加してきた。このためJRや私鉄はケータイの車内使用追放に乗り出したが、効果は薄かった。その後メール機能の改善が進められ、平成11（1999）年には4000万台、平成15（2003）年には8000万台に増加して、乳幼児と超高齢者を除けば、ほぼ1人に1台といえるほど普及してきた。今や、日本ではケータイを持たない大人は、ごく一部にすぎなくなってきた。

**ケータイのデメリット**

しかし同時にそれは、有害・危険な道具にもなってきた。

匿名で、見知らぬ人々とも会話できるので、趣味や興味などで共通するものを媒介として仲間ができやすく、そこから得る情報でチャットしたり、SNS（ソーシャル・ネットワーキング・サービス）を利用したりできる。インターネット上の筆談を楽しむ「チャット仲間」の集団である。現実社会で適応していない人間ほど入りやすく、有害な情報に引き込まれる危険が大きい。[3]

日本のケータイは、世界最先端を行き、当然のようにインターネットを利用できるようになっているため、問題が起きやすいことにおいて世界でもまれな国の一つになっている。

- ネットいじめ（嫌がらせメール）
- 学校裏サイト（生徒サイトでの誹謗中傷）

・チェーンメール（いわゆる不幸の手紙）
・自殺サイト
・家出サイト
・児童ポルノ
・迷惑メール

など、ケータイを使うことによってさまざまな悪質な有害行為が待ち構えている。日本は機械についての技術は最高に進んでいるが、情報教育は非常に遅れているので、とくに子どもには危険が大きい。平成20（2008）年6月には「青少年ネット規制法」が国会で成立したが、その効果のほどははっきりしていない。

ケータイの出現・普及によって、家族関係は変わっただろうか。初期には、親子の直接の会話が減ったようだとの声もあったが、その声は最近はあまり聞かれない。ケータイでの会話を加えれば、むしろ増えているのではないかとの声も強い。ただ、メールが大切で、食事中も、寝るときも、トイレへ行くときもケータイを手離せず、ケータイ依存に陥っている子は少なくない。これらの子は当然親よりもメール仲間とのコミュニケーションのほうを重視している。ただ問題は、発達段階による自立（自由と責任）ができるか否かであろう。

夫婦の間では、交通事故などでの遅れの連絡がこまめにできるようになってよいとの声が多いが、勤務時間外の行動も細かくチェックされているようで嫌だとの声もある。家庭裁判所調停委員の話によると、メールの消去をし忘れたためか、愛人との通話記録が残ったのを連れ合いに見られたためか、紛争が拡大する例がよくあるとのことである。

平成21（２００９）年以降は、とくにオンラインゲームの利用で、未成年者が高額な請求を受けるケースが問題になってきた。ケータイやパソコン、とくにスマートフォンの急速な普及によってインターネット上で提供されるゲームが増えてきて、中でもソーシャルゲームの市場規模は平成23年で前年の２倍半にも伸びた。

パソコンの例だが、千葉県のある女性は、平成24年夏、小学生の息子にせがまれ、「無料の範囲」で約束し、利用者登録した。息子は夢中になってアイテムの購入にも手を出したので、母親はクレジット会社から20万円超の請求を受けてしまった。国民生活センターへも年間４０００件以上の相談が寄せられ、未成年者が契約当事者だった相談は２割を占め、半数が小中学生関係で、利用額の平均は小学生16万円、中学生24万円にも上っている。センターは「子どもは課金の認識すらない場合が多く、大人のトラブル以上に深刻」と語っている。こういうケースが増えてきたようで、全体として、子どもへの対策が追いつかないでいる。[4]

## ケータイを持たない人

以上のように、平成25年現在の日本ではケータイの普及率は非常に高いが、社会人の中で、ごくわずかながらも、持たない、持とうとしない人がいる。それはどういう理由からなのか。東大教授須藤靖

（宇宙論）はこういう。

「いつでもどこでも誰とでも簡単に連絡を取り合える」利点はたしかに認めるが、負の側面が大きい。

①気が安まらない――誰にも邪魔されない時間がなくなる。

②お金がかかる――最低でも月2000円、場合によっては1万円近くになる（充電費用も加算される）。

③危険なことに巻き込まれる――前出とほぼ同じ。

④社会のモラルが低下する――メールを出す、電話をかけるという行為にまつわるマナーが確実に低下している。

以上のような理由から、須藤は「不ケータイ同盟の設立[5]」を宣言している。

## 3　オレオレ詐欺の横行

オレオレ詐欺は、きわめて日本的な特色を示す事件の一つである。平成に入り景気が悪くなりはじめた平成7（1995）年頃から聞かれるようになり、平成12年頃に多くなった。

年寄りに電話し、その息子や孫を装った上で、「大金を借りたのだが至急金を返さないとひどい目にあうと悪徳金融業者から責められているので、所定の口座へお金をすぐ振り込んでくれ」といって振り込ませ、詐取する事件である。

その第一声が名前をいわず「オレオレ」と呼びかけてそれで通し、目的を達したことから、俗に「オレオレ詐欺」と呼ばれて報道され有名になった。

警視庁は、平成16年12月から統一名称として「振り込め詐欺」と呼ぶことに決定している。ただこの詐欺が可能なのは老親が別居の息子に愛情を持ち、日頃も金銭援助をよくしていること、そして老親がかなりの額の貯金（数十万、数百万）を持っていることが前提条件としてある。

ところで「オレオレ詐欺」は、残念ながら日本の特産品である。18歳の成人以降は、親元を離れ、経済的にも自立する（子はアルバイトのほか政府の生活援助金や奨学金で暮らす）、親は一切金銭的援助をしないことの慣習が定着しているヨーロッパの社会では起こりえないことである。私はこのことを知り合いのデンマーク人夫婦やフィンランドの女性から確認をとった。アメリカでも、上層富裕層を除く庶民家庭では同様のことであろう。

## 4　葬式とお墓の変わりぶり

### 葬儀の形

日本人は、昭和50（1975）年頃までは死後の行事について、あまり考える必要がなかった。自分の祖父母を祭ったときと同様に自宅か寺で葬式を行い、夫方の先祖代々の墓に埋葬されるもの、と思っていればよかった。少数者の宗派である神道やキリスト教者の場合でも、ほとんど同様であった。それが昭和55年頃から、新しい考え方に変わってきた。

まず、人間の亡くなる場所が変わってきた。昭和50年代初めまでは、自宅で亡くなる人のほうが半分以上を占めていて、これが一般的だった。しかし昭和52（1977）年を境に、病院・診療所・保健施設などの「施設死」のほうが多くなり、平成に入る頃には「自宅死」が20％を割るまでに低下した。気持ちの上では自宅死を望んでいる者が多いといわれながらも、病院死のほうが増えていったのは、死因の多くをガンや心臓病が占めるようになったことも関係している。平成の初期でも自宅死の割合が高かったのは、長野・山形・新潟などの諸県で、いずれも三世代世帯の割合が全国平均をかなり上回っていたところだった。

半世紀前までの時代では、このあと自宅で親類・近隣・知人を大勢招いて葬式を行い、遺族は地方なら棺につきそって歩き（「野の送り」）、都市なら車で火葬場へ赴き、数時間待つか、あるいは翌朝赴いて、火葬場で拾骨した。日本では早くから火葬の割合が高かったのだが、遺族が長い木と竹の箸で焼骨を骨壺に納めることで、悲しみを確認するとともに、家族と親族の連帯感はいやが上にも高められ、「○○家累代之墓」につながっていった。

この明治後期からの火葬の普及が、「家」を中心とする明治31（1898）年の旧民法の施行と合致して、それまで上級家族専用であった「家の墓」の形を、中下層家族にまで大きく普及させた。この家族用「合祀墓」が建立されるようになったのは、その50年くらい前、つまり明治末から大正初めにかけてであってそう古いことではない。つまり庶民も背伸びして金持ちのまねをしだしたともいえるのである。

## 葬儀の費用

葬式の費用はかなり高いものだった。仏教での中心は僧侶がつける「戒名」であり、これによって仏教徒としての法名が決まり、あとの行事につながっていく。しかしこの命名権は僧侶が独占しているので、その高額に違和感を覚える人が少なくなかった。葬儀費用は高くても、参加者から寄せられる香典とほぼ等額になるのだからよいではないかとの声もあったが、平成以降はその額を合理的なものに引き下げたいとの声が出るようになり、徐々に簡素化の方向に向かうようになった。

平成19（2007）年に日本消費者協会が行った全国的な調査がある（3年以内に身内に葬儀があった410名）。

葬儀の場所では、葬祭センターや斎場と称する専門式場の利用が65％で圧倒的に多く、寺・教会が16％、自宅13％がこれに次ぐ。この葬儀が、葬儀社62％、互助会23％、農協10％などに依頼して行われている。

葬儀費用合計の平均額は231万円で3年前の前回調査とほぼ同じ。高額なのは東北で283万円、低額だったのは四国の150万円である。費用について6割の者は「妥当」「やむをえない」としているが、2割の者は寺への払いに不満を残している。

参列したときの印象としては（複数回答）、「適当だ」が33％にとどまり、「形式的すぎる」46％、「世間体にこだわりすぎる」35％、「不必要なことが多い」33％、「もっと簡素に」29％と辛口が多い。3人に2人の遺族には納得がいかないものになっている。

自分自身の望ましい葬儀の形としては、何よりも「費用をかけないでほしい」64％はもっともとして、「家族だけで送ってほしい」44％が注目される。社会的なしきたりを離れて家族中心の地味なものへと移っていくことが望まれているようだ。

実際にも、平成22（2010）年頃からは、10人前後の家族ときょうだいだけの「家族葬・密葬」が増えてきていると思われる。ここにも、親戚離れの現象がよく見られる。

## 墓の形

前に見たように、ふつうの家族は大正から昭和戦前期の時代に「家の墓」を持てるようになった。そこで墓というと、街では寺院境内の奥に、村だと切り開いた山麓に、石材を縦長に置き「○○家之墓」と刻んだ姿を連想するようになった。少なくとも、跡取り夫婦は生家に残り、育った地元にある先祖代々の墓に入ることを、嫁も含めて疑っていなかった。

しかし、戦後の民法は、「家」の制度を否定し、経済成長期からは核家族で暮らしやすくなったので「家の墓」を考え直す人が増えてきた。

昭和末の62（1987）年の読売新聞は、地価の高騰もあって「墓地不足ブーム」が強まっていることを特集した。

特集の初回には、横浜市郊外の丘陵地に造成された大規模霊園に見学バスツアーが殺到して、9割近くの参加者から契約があることが報じられた。予約した55歳の男性会社員は、購入理由をこう語る。「1年前亡くなった妻のお骨をいまだに寺に預けている始末。寺院墓地の檀家になるとなにかとわずらわしいが、霊園墓地はその心配がない」

平成2（1990）年に九州の西日本新聞が「お墓を考える」というテーマで意見を募集したところ、さまざまな自由な考えが集まった。

女性の中で、「先祖累代之墓」に入りたいという意見は非常に少なく、「納骨堂」などを求める意見が多い。「個人墓」「夫婦墓」のほかに、意外に多いのは自分と夫と子ども夫婦などが一緒に葬られる核家族を中心とした「家族墓」である。ただ、子どもたちが成人して結婚し、その子ができたあとはどうするのであろうか。それをも含めると結局古い形に戻ってしまい、このままでは考えが不十分である。

平成11（1999）年8月には、岩手県に初の「樹木葬墓地」が誕生した。墓標代わりにツツジなど花木を植えるもので、使用料は供養代を含めて約50万円と格安である。

それから14年経過した平成25（2013）年になっても墓の要否についての大勢ははっきりしていない。朝日新聞が「家族のお墓は必要ですか」とアンケートしたところ、「いいえ」が42％もあったものの、「はい」も58％あって、大勢は二分されているのである（2662人が回答者、2013年3月16日）。「いいえ」の理由はさまざまである。「子孫に負担を残したくない」645人、「費用が大変」242人、

「共同墓地・散骨で十分」457人、「継承する者がいない」231人（複数回答）などのほか、「お墓以外にも弔い方がある」「そもそも死んだら終わり」という割り切った考えの人も3分の1もいる。

「はい」の理由もさまざまだが、伝統尊重の人が半分はいる。「先祖・孫のため」766人、「日本の伝統・風習」652人。心の安心と考える人も多い。「家族のシンボル・心のよりどころ」673人、「慰めになる」565人、「他に埋葬する場所がない」614人は、「現在入る予定のお墓がある」56％の人が挙げたものであろう。

だが4割の人は予定の墓がないので迷うことになる。「散骨でいい」という声も出ているが、自身については反対する人が多く、実現も難しく広まってはいない。

そのため、墓の維持管理を寺などに任せる「永代供養墓」（合祀墓）、血縁を越えた人たちで入る「合葬墓」などが関心を集めている。これらについては、積極的な希望者はまだ11％程度であるが、「これからの時代に必要だと思う」と理解を示す人は30％程度いる。

なお、墓の形そのものは、（統計にはないが）高さが低い横型が増えて、故人の氏名のほかにシグナルのような絵や文字・写真をきざんだ墓が多くなってきたと思われる。なお、パリ市内で一番大きなペール・ラシェーズ墓地の一角には、まるで住宅団地のようなお墓団地（1戸分は20センチ×30センチ程度の小ドアで区切られて記名され、数百戸分が縦横に並ぶ）も見られた。日本でも、このようなタイプがもっと増えてよいのではないだろうか。

## 5　イクメンの登場

### 基本的な考え

イクメンとは前にも（序論2節）触れたように、子育てに積極的に参加し、しかもそれを楽しむ若い父親たちのことである。

平成23（2011）年にNPO法人として出発した「イクメンクラブ」のホームページには、もっとはっきりと次のように定義されている。

「育児は、楽しい。育児する男は、かっこいい。／育児するパパが増えれば、ママも家族も、きっと日本も幸せになる。／育児するいい男を、イクメンと呼ぼう。／そんな言葉をかかげ、イクメンクラブが結成されたのは、2006年。／（中略）けれど、育児にきちんと取り組んでいるお父さんほど知っているはずです。／それは、流行やファッションのように、素敵で楽しいだけのものではないことを。／時には、しんどく、難しくて、愚痴をこぼさずにはいられないほど、かっこわるいものでもあることを。／（中略）ときには地域や社会のコミュニティにも広がるような活動全体を「クラブ活動」と呼び、これからさらに発展させていくつもりです。／イクメンは、単なる流行ではなく、一生続く「男の生き方」そのものだと思うから」（http://www.ikumenclub.com/statement/）

## 街頭での観察調査

父親がベビーカーを押したり、抱っこひもで子を胸に抱いて歩く姿はどうも農村よりも大都会の、しかもホワイトカラーのサラリーマンが多く住む地域で目立つようだ。しかし言葉だけの流行かもしれない。信頼できる統計は、これまで官民ともに公表されていない。それならば納得できる数値を自分で得てみようと考え、（家庭内への訪問は無理なので）1人で街頭に立って勘定することを思い立ったのである。

場所は、東京都杉並区、JR中央線荻窪駅の西口改札口前、日時は、平成25（2013）年5月12日、快晴の日曜日午前の30分間である。

5歳くらいまでの未就学児と見られる子どもを1人ないし4人連れた親子連れは、この30分間（午前10時30分〜11時00分）に75組通過した。

「父母双方に連れられて」が16組いたが、両親に「手を引かれた」9組のほか、7組は「ベビーカー」を押してだった。この場合、子を乗せたベビーカーを押していくのはほとんど父親であり、母親はすぐあとを荷物を持って歩くという形をとっていた。

あとは片方の親のみの子連れで58組あったが、「父親のみ」と「母親のみ」はちょうど29組ずつ同数あった。どちらも「ベビーカー」にのせてが4組ずつあったが、母親にはさらにもう1人大きくなった子の手を引いてというタイプが多い。しかし、抱っこひもで胸の前に抱えるのは母2組に対し、父が4

組もあった。父親には別に肩車というタイプも1組あった。両親とともに祖父母もついて計7人が賑やかにというグループも1組だけあった。

いずれにせよ、29対29という結果には感動した。休日の外出姿では、イクメンはイクママに匹敵するまでになったのである。この様子は昭和末までの日本社会には見られなかったものだから、新しい時代の到来を告げる一現象といってよいであろう。

むろんこれには、安価で使いやすくなったベビーカーの普及、背に負うのがふつうだった乳児を胸に抱えたほうがよいとする育児法の変化、駅の内外でのエスカレーターやエレベーターの大量設置など、生活環境の改善のほか、「育児・介護休業法」の改正施行も力になったことであろう。しかし何といっても、若い父親の気持ちの変化が一番であろう。

私は念のため、次の日曜日にも同じことを試みた。この日も、片方の親と子という組み合わせは53組ほどあり、父親とは25組、母親とは28組で母親のほうがまさっていたが、その差はわずかであって対等観を変える必要はなかった。また別の火曜日にも立ってみたが、この日には「父と子」は1組も通らなかった。その代わり、10人の幼児に3人の保母さんがついた保育園児の散歩姿が何組も通りすぎた。

つまり、この場所で見る街頭でのイクメン風景は休日のものなのである。

## 家庭でのイクメン

家庭での父親の育児参加状況を調査した時事通信社の2011年の結果では、父親が「している」の

は、

- お風呂に入れる　75・2％
- 遊び相手をする　74・0％
- おしめをかえる　44・0％
- ミルクやご飯をあげる　42・6％
- 寝かしつける　37・3％
- 保育園などの送迎　26・7％

などで、2年前に比べ、全項目で増加している。

しかし、別の調査でアメリカなどと比べると、日本がわずかに多いのは「入浴」だけで、「遊び相手」63％対21％、「オムツやトイレの世話」47％対14％、「食事の世話」39％対8％、「着替えや身支度」31％対9％、「本の読み聞かせ」30％対5％、などでは日本が圧倒的に少ない。その上、それらを「毎日している」かについても、4～6倍の開きでアメリカに遠く及ばない。

ほかの資料を見ても、このアメリカ男性の姿は、北欧や欧州語圏の数字に近く、日本が異色なのである。簡単にいえば、アメリカやヨーロッパの男性の少なくとも半数以上は育児をすることが生来身についているのに対し、日本男性はこの10年でようやく少し芽が出てきたというところだろうか。日本の男女役割分業の根はいまだに深い。

フランスでは、1980年代から、母親同様に育児にいそしむ「めんどりパパ」と呼ばれる父親が登場してきている。

また育児は楽しいことだけではない。インターネット上の悩み相談サイトには、「育児ストレスみたいだ」とか「もう死んでしまいたい」と訴える父親の声も出る。

「二才の息子と妻と暮らしております。息子が自由自在に動けるようになってから大変で、会社から家に帰るのが憂鬱です。帰宅すると、おもちゃだけでなく、妻の化粧品や洗濯バサミなど、いろんなものが散らかっています。息子を風呂に入れ、夕飯も息子がテーブルに乗ったりテーブルの上のものを取りにきたりとゆっくりできません。会社は楽しいのですが、本当に家に帰るのが憂鬱です。妻は片付けが苦手なので、息子が毎日散らかすのに片付ける場所を変えようとせず、私が改善すると謝るだけ。もう毎日しんどいです[6]」

このように、子の面倒は子が2~4歳に成長してきたときが一番大変である。

休日の戸外ではだいぶこなせるようになってきた日本のイクメンも、家庭内でどれだけできるようになるか、真価が試されるのはまだこれからのようである。

# 2章　社会とのつながり

## 1　いじめ問題の日本人的特質

### 数字の確認

子どもの中の「いじめ」問題は、小さいもののならいつの時代にもある。文部科学省の「児童生徒の問題行動等生徒指導上の諸問題に関する調査」で平成24（2012）年度に確認された「いじめ」は全国で約7万件とされたが、平成25年には過去最多の20万件に達したと報道された。東京都では都内の全小中公立学校に対する平成25年7月の緊急調査では、「いじめ件数」は3433件、「いじめの疑い」7042件、合計約1万500件あるとされた。なおほかに、高等学校でも、私立学校でもいじめがあることがわかっている。判然としないが、全国では年間10万～20万件以上はある問題である。

平成19（2007）年に行われた奈良県教育委員会による奈良県内の公立中・高校生に対するアンケ

ート調査で、「第二学期になって、いじめられたことがありますか」に「ある」と答えた者が、中学生12%、高校生5%、平成20年には中学生9%、高校生2%あった。中学生の立場からすると、1割近くの者に起こっている問題だといえる。

警察庁によると、10~14歳の学校問題による自殺件数は平成初期9年間に**図表3－1**のようにあったとされる。なお、平成19年には17件になっているから、最近ではむしろ減少しているようである。

**定義と内容**

国は対策会議を作り、平成25（2013）年6月「いじめ防止対策推進法」を成立させた。自民、民主など6党が共同提出した議員立法である。

**図表3－1　学校問題による自殺件数**

| 年 | 件数 |
|---|---|
| 1989（平成元） | 27 |
| 90 | 21 |
| 91 | 20 |
| 92 | 23 |
| 93 | 25 |
| 94 | 31 |
| 95 | 23 |
| 96 | 20 |
| 97 | 16 |

同法ではいじめを、「一定の人的関係にある他の児童生徒が行う心理的又は物理的な影響を与える行為」とし、さらに「対象の子が心身の苦痛を感じているもの」と定義した。インターネット上の行為も含まれる。

いじめがあった場合、学校は、速やかな事実確認、被害者への支援、加害側への指導・助言をすることなども定められた。また、重大な犯罪行為には警察への通報義務を定めた。

いじめた子には「懲戒や出席停止」などを規定した点をめぐ

って、「厳罰化ではいじめを防げない」との反対論もあった。

なお、付帯決議で、「第三者の参加などで公平性・中立性を確保」「調査結果などをいじめを受けた児童の保護者と適切に共有」などに努めるよう求められている。

いじめの具体的な行動としては、次のタイプに分けられる。
①肉体的苦痛を与えるもの
②精神的苦痛――無視、嫌がらせ、きつい言葉、仲間外れ
③犯罪行為
④性的いじめ

**裁判になったケース**

新聞に掲載される記事は部分的なものが多いので、もっと具体的な全体像を、確定した裁判例から探ってみる。

『Q&A　子どものいじめ対策マニュアル』[7]によると、まず、訴訟になった全体からは、被害者が男子であるケースが78％と圧倒的に多いが、女子のケースも22％はある。

被害者の学年としては、小学校1年生から高校4年生（定時制）まで広がっているが、中学3年生のケースが4割以上もあって突出している。この年が一番注意すべき年齢であろう。訴訟として取り上げられた被害者の学齢は**図表3－2**のとおり。

以下、裁判例の一部を三つだけ紹介する。

〔判例A〕

大阪地方裁判所　平成9年4月23日判決

**原告**　被害生徒A（公立中学3年女子）の両親

**被告**　加害生徒（同級生3年男子2名及び同女子2名）

**概要**　市、Aは小学校時代から他の生徒に声をかけて逃げたり、他の生徒の頭や背中を後ろから叩いて逃げたり、他の生徒の顔を見て笑って逃げるなどの行動をとることが多かった。また、小柄で痩せていて髪の毛はバサバサでフケが目立ち、洗髪をしていないように見えたことから、普通の生徒とは異質の存在に映り、他の生徒から「服が汚い」などと言われて避けられたことや足で蹴られたりしていた。中学校入学後にもこのような状況は変わらず、多数の生徒がAに対し、身体に対する物理的攻撃、言動による脅し、嫌がらせなどのいじめを行っていた。

このような状況下の中で、放課後午後5時過ぎから6時ころまでの間、中学校の花壇付近で、加害生

図表3－2　取り上げられたケースの学齢

| | 学年 | ケース数 |
|---|---|---|
| 小学校 | 1年 | 1 |
| | 4年 | 2 |
| | 5年 | 2 |
| | 6年 | 3 |
| 中学校 | 1年 | 3 |
| | 2年 | 2 |
| | 3年 | 13 |
| 高校 | 1年 | 3 |
| | 3年 | 1 |
| | 4年 | 1 |

注）『Q＆A　子どものいじめ対策マニュアル』（明石書店）

徒らがAを何度も蹴るなどの暴行を加え、頭部打撲症などの傷害によりAを死亡させたという事例。

**結論**　市に対する請求を認めず、加害生徒ら及び親権者らに、Aの母に対して2846万円、Aの父に対して2626万円の支払いを命じた。

〔判例B〕

　鹿児島地方裁判所　平成14年1月28日判決

**原告**　被害生徒A（公立中学3年男子）の両親

**被告**　町、加害生徒（同級生）5名

**概要**　Aは、同級生から明るくひょうきんで楽しい存在として受け止められていたが、2年進級時から上級生グループに何度も暴行やかつあげ行為を受けるなどしており、そのうち、同級生からも助走をつけての飛び蹴りや、踵落としなどの暴力を頻繁に受けるようになった。2年の3学期には、Aは、いじめの中心的な生徒Bから登下校の同行を強要され、これを嫌がって遅刻や部活動の欠席がひどくなっていった。また、春休み中も、Bらからの執拗な呼び出しと脅しが続いていたことから、Aの母親は担任教諭にBらからの電話をAが嫌がっていることを相談したが、担任教諭は、Bらに特段の指導をしなかった。3年の1学期には、Aが一瞬意識不明になるほどの激しい集団暴行事件があり、Aへの同級生の暴力はエスカレートしていった。Aは、こうした暴力に対し、いつも無抵抗で「すいません」と謝ったり、笑ってごまかしていた。Aは、夏休み中や2学期になっても暴行を受け続け、9月17日に学校を無

断で欠席した。そして、その翌日、加害生徒らの名前を示し、「きさまらをのろってやる」などと書いた遺書を残して自殺した。

**結論**　町に対して、慰謝料1200万円、弁護士費用120万円の合計1320万円の支払い命令。加害生徒らに対して、連帯して、合計金4483万円の支払い命令。

〔判例C〕

名古屋地方裁判所一宮支部　平成25年9月25日判決

**原告**　被害女性C　23歳（公立中学1年当時の問題）の本人

**被告**　一宮市

**概要**　Cは中学1年だった02年10月から同級生らから「きもい、死んでほしい」などと暴言を吐かれ、無視されたり嫌がらせを受けたりした。両親は学校に調査を訴えたが、担任の教諭らは女性から聞き取りをしないまま、「生徒たちはいじめはないといっている」などと取り合わなかった。

**結論**　裁判長は、同級生らによる行為を「意図的に行われたもの」として、いじめと認定。適切な処置をとらなかった市側が損害賠償義務を負うと結論づけた。当時の担任教諭は「加害生徒の弁解を安易に受け入れ、いじめは存在しないことを前提とした指導に終始。いじめを継続させた」として、市側に安全配慮義務違反があったとした。原告の請求は「（同級生を訴えた別の裁判で）和解金を得ており、損害は補填される」として棄却した（市に610万円の賠償を請求していた）。（平成25年9月25日付朝日新聞な

どから要旨をまとめた）

## 日本人の国民性

(1) これらのケースから見ても、いじめには、日本人の特性があるように思われる。日本人は大きくくくってしまうと、「個人」がなく「集団主義」になりやすい国民である。時代の流行を追って、多数の集団の中に入り、何でも同じように考え、一緒に行動しないと安心できない。個人としての判断がないので、一つのワクに入りたがる。そのワクに入らないと有言・無言のうちに批判される。まわりの人に悪く思われないような「世間体」が何より大切である。何につけても目立つことが嫌われるので、自主性や自立性が育たない。弱々しい態度になりがちである。

(2) 価値の内容よりも、全体的な協調的雰囲気を大切にし、画一的な形式を尊重する。そのためクラスが暗くても、ともかく治まっていればよいとしがちである。そして、よくないことは社会の裏側で陰湿に行うことに慣れてくる。

(3) いじめは、批判や中傷から始まるが、加害者の数のほうが多く、暴力を伴うので、被害者は何も対抗できない。まず議論ができず口ゲンカもできない。幼いときから先生とも友人とも親とも議論ができない教育の中で育ってきたことが大きい。要するに「ケンカべた」なのではないか。

(4) 欧米人（とくにドイツ人や北欧の人など）は、はっきり自分の意見をいえる人間を育てるのが教育の目的になっている（デンマークやフィンランドの小学校では、1年目に学科の授業をせず話し合いの訓練ばかりをする、と聞いたことがある)。親に甘えず、自分のことは自分で処理する人間を育てる。母親は幼児をとてもかわいがるが、自分の考えに絶対服従させる。幼児までは泣こうがわめこうが親の決めた秩序に絶対服従させる。体罰(部屋に閉じ込め、食事を与えない)もあり、1980年頃の社会統計では虐待に近い折檻による子どもの死亡はドイツだけでも年数百件あった。欧米では親は生殺与奪の権利者でこの親子観は社会観と一致している。日本社会は、ウチとソト、オモテとウラの使い分けを好む。

たとえばドイツの生徒の仲間つきあいはこうである。

子どもはケンカになっても、まずは言い争いになる。多くの高校生は「私は違うけど、アンタはそうなの」でおしまいになる。先生にも平気で反論し、批評することに慣れている。試験の点数が悪いと、どうしてかと先生に抗議する。皆が平気で点を見せ合う。落第しても平気である。オープンでさばさばしている、といった人間関係を保っていることが多いと思われる。

(5) ところが日本は、欧米とは異質の伝統文化の国民を育ててきた。欧米は、おしゃべりの文化(たとえば詩は長文の物語)、日本は沈黙の文化(たとえば短い五・七・五調)が尊重される。結局、対話の技術が発達しなかった社会ではないか(家庭は温かい心の避難場所にはなったが)。

(6) スポーツなどでコーチの暴力に選手が黙って耐えているのは、日本と韓国だけのようである。欧米では激しい殴り合いになってしまうので、暴力は使えない。

(7) 暗いところでひそかにできる「いじめ」は、ウラ側の日本人にとって最も安上がりにできるウサ晴らしではないのか。

## 2 就職できない若者たち

昭和時代の末期（1980年代後半）でも、正式雇用からはずれた非正規の労働者は16％いたが、その多くは女性で、本人の都合でパートタイムの仕事を選ぶ人が多かったのでこうなった。男性の大学卒・高校卒の9割近くは正規の職員に就職できていた。

それが平成に入ると、バブル崩壊がはっきりしてきた平成5（1993）年頃から、正規就職は70％台に低下、8年には66％になり、以後ずっと大学新卒者の正規の就職が難しくなってきた。「就職氷河期」という言葉まで生まれたのはこの頃である。団塊世代の子が多数大学を出たこととも重なって、平成5年には男性の8％、女性の13％は非正規職員で、パート、アルバイトなどのフリーター、派遣社員、契約社員となった。この割合は、平成18年前後には男性の21％、女性の32％にも増えてきた。平成24年には、男女計で35％にも達した。いったんフリーターになるとその人間に対する企業の評価は低くなり、年をとってもなかなか変えられない。

就職氷河期以後も、若年層で派遣や契約などの就業形態は増加し続けている。また、若年層の失業率は依然として高く、その失業率は壮年層の4倍に達している。若年無業者（ニート）は、平成19年に62万人（同年齢人口の約1・9％）で、滞留傾向にある。グローバル経済競争が激化していることや、IT化を背景に安定した雇用の場が少なくなっているが、若者はその影響を最も強く被っているのである。

こうなると、家族は精神的のみならず、経済的にも大きな打撃を蒙ることになる。子の卒業後の高収入を見込んで、大学まで進学させることが親の常識になってきたが、親も本人自身もいたずらに高学歴を望んで大学に進学させることを当然とする慣習を見直すべきではないだろうか。

しかも、日本育英会（現在は日本学生支援機構）の奨学金などを受けられた人を除いて、大学まで進学するにはかなりの費用がかかる。平成5年にＡＩＵ保険会社が4年制大学を卒業するまでの22年間の総費用を発表した。これによると、学費だけでもすべてを国公立で通した場合でも924万円、私立文系で通した場合では1700万円（私立医系だと大学6年間で約3000万円）、その他の費用を含めると、幼稚園から大学までオール公立で2800万円、オール私立だと3600万円にも上る。

もっともこれは、総務省統計局「勤労者世帯の消費支出」の中での教育費割合から見ると5～6％にすぎない。だがこれは、老夫婦や子がいない世帯などを含むからであって、実際に2人の子を持って大学を卒業させた普通家庭では、1カ月当たり約12万円で計約3000万円、月約40万円の生活費の約30％を費やしている。これは、同じ年代の食糧費よりも住居費よりも高く、一番の経費である。おそらく、世界の一般家庭の中でこれほど莫大な金額を子どもの教育にあてている国はないであろう。たしかに、国家の援助割合が一番乏しい日本ではあるが、子の性格や能力とは無関係に、右へ倣え式の進学姿勢にも反省が必要なのではないだろうか。

## 3　成年後見制度の必要性

### 実生活での必要性

〔設問〕

Aさんは妻に先立たれ、自宅で一人暮らしをしています。Aさんには娘のBさんとCさんがいます。二人とも結婚し、親元を離れて生活しています。／Bさんは高齢の父Aさんの様子が気になっています。Aさんは普段はしっかりしているのですが最近では物忘れがひどくなり、BさんがAさんに頼まれて預金を引き出したところ、後にAさんはすっかりそのことを忘れて預金がなくなったと大騒ぎした出来事がありました。／そこで、Bさんは家庭裁判所にAさんについて保佐開始の審判を申立て、Bさんが保佐人に選出されました。／（中略）BさんがAさん宅に行くと、新しい羽毛布団が置いてあったので、どうしたのか尋ねたところ、Aさんは知らないと答えました。机の上にはクレジット契約書が置いてあり、訪問販売のセールスマンから50万円で購入していたことがわかりました。この場合、Bさんは保佐人としてどのように対応すればよいのでしょうか。／Bさんは、父の姿を見ていて、将来、自分の判断能力が不十分になったときのことを考えると不安になってしまいました。[8]

これは、ある法学テキストに載っていた設問である。実際にあった例をいくつか合わせて作ったものと思われるが、これに類似した実例は数多くあるであろう。高齢化の進行とともに、判断力が低下する高齢者が多くなることは避けられない。この例は悪質商法被害につながりかねないケースであったが、このような財産の取引・管理の分野のほか、雇用・医療・介護・扶養などの分野で、高齢者の法律行為をサポートし保護する制度が必要となってきた。

**旧法での制度**

これに対応する法的制度は、一応、昔から用意はされていた。旧民法は、対象者の行為能力が全面的に制限される「禁治産＝後見（旧民法7条）」と、重要な法律行為についてのみ行為能力が制限され、保佐人に同意権を付与する「準禁治産＝保佐（旧民法11条）」の2類型に区別していた。旧制度は硬直的なものであったため、保護の実効性を欠いていた（年間1000〜1500件）だけでなく、「禁治産者」「準禁治産者」という差別的な用語が社会的偏見を招いていた。利用しにくい制度であるとの批判を受け、平成に入って見直されることになった。

**成年後見制度の理念**

そこで、平成11（1999）年の民法改正および関連諸法の成立により、旧制度に代わって、平成12年4月に新設されたのが「成年後見制度」である。従来の2類型に新たに「補助」を加えて、本人の判断能力に応じたより柔軟かつ弾力的な制度へと刷新された。

第一種の「補助」とは、軽度の精神障害者が対象となる。日常生活は何とか送れるが、必要ない高額の商品を買わされてしまうような人である。定められた補助人は本人の行為を取り消しできる。第二種の「保佐」は以前の準禁治産段階に対応し、精神の働きが著しく困難な者が対象。しかし中心は第三種の「後見」で、精神障害のため是非善悪を弁別できない者（高度の認知症）が対象となる。

家庭裁判所の統計によると、補助・保佐の件数は少ないが、「後見」関係の申立件数は平成12（2000）年度の7451件から平成23（2011）年度の2万6022件まで4倍近くも増加している。これは平成11年度の「禁治産」申し立て件数の10倍ほどの多さで、認定されたものの累計は約21万人に達している。

しかし、この制度の先進国であるドイツは、総人口は日本の3分の2であるにもかかわらず、最近は法定後見人だけでも年間120万人が利用しているといわれる。人口の1％が標準とされるので、日本はあと6倍の120万人が利用して当然なのである。日本には要介護認定者だけでも530万人（平成24年）もいるのである。

これには、日本人全体の権利意識の乏しさが基本にあるが、成年後見制度そのものがまだ周知徹底されていないことが大きい（4人に3人は知らないという）。高齢者の権利侵害をもっと防止したいものである。

新しい制度には三つの理念が加えられた。一つ目は、ノーマライゼーションの理念で、障害のある人も家庭や地域で通常の生活をすることができる社会を作ろうという考え方である。二つ目は、自己決定の尊重である。三つ目は、残存能力の活用であって、できるだけ本人の意思を尊重する仕組みとなっている。

## 選任の実際

最高裁判所家庭局編の「成年後見事件の概況」によると、平成17（2005）年4月から平成18年3月までの間に、成年後見関係事件（後見開始、保佐開始、補助開始及び任意後見関係人選任事件）の申立件数は2万1114件であった。新たな成年後見制度を導入して以降、成年後見関係事件の申立件数は年々増加傾向にあったが、平成18年をピークとしてその後は横ばいである。うち17年度の認容（家裁が承認した事件の割合）は87・0%であった。

また、申立人と本人（被後見人）の関係は、子37・0%、兄弟姉妹18・0%、親11・9%、配偶者10・7%、その他親族13・7%と圧倒的に親族が占めている。なお、市町村長の申し立ては全体の3・3%を占め、年々増加している。

重要なのは、誰が後見人となるかである。成年後見人、保佐人及び補助人に選定された者と本人との関係は、子30・4%、兄弟姉妹15・6%、親10・7%、配偶者8・5%、その他親族12・2%と家族及び親族が全体の約77%を占めている。その割合は年々減少傾向にあり、親族以外の第三者が選任される割合が高まっている。その内訳は、司法書士8・2%、弁護士7・7%、社会福祉士3・3%、法人

（社会福祉法人、医療法人、社会福祉協議会の公益法人）1・0％、知人0・5％、その他（行政書士、税理士、民間NPO法人等）1・9％である。このように、専門知識を持った職業後見人が選任されることで、本人保護により一層資すると考えられる。

ところで最近では、後見人となった親族が本人の財産を着服した事例や後見人となった悪質リフォーム業者が本人の金銭を騙しとる後見人詐欺の事例、後見人となった職業後見人が多額の報酬を不当に取得していた事例等が報道されている。後見人の資質や職業倫理、権限濫用に対する監督方法についても今後の議論が必要である。

## 4　介護保険制度と家族介護

### 介護保険制度の発足

男女とも平均寿命が非常に延びて長生きになったことは喜ばしいことだが、それとともにマイナス要因も増えて、家族にとってはあまり喜べない事態が多くなってきた。

まずは、身体や精神の衰えが進んで、自活できなくなった高齢者に対する「要介護」の問題である。高齢者全体の6人に1人以上は該当すると見られたところから、平成12（2000）年4月、日本でも「介護保険制度」が発足した。世界では、ドイツに次いで2番目である。平成19（2007）年11月現在で65歳以上は2722万人いたが、この中の451万人が要介護状態にあると認定された。これは16・6％に相当するが、実際にサービスを受けた者は、364万人（13・4％）にとどまった。この中の約24％はどこかで「施設サービス」を受けているが、残りの76％は「在宅でサービス」を受けていた（厚生労働省、平成19年「国民生活基礎調査」）。

さらに対象者は程度によって次の6段階に分けられる。軽いほうから「要支援」（平成18年度からは、「経過的要介護」「要支援1」「要支援2」に3分された）、「要介護度1」〜「要介護度5」である。初めの5年間（平成12〜16年度）の受給者の推移を見ると、在宅サービスの受給者数の1カ月平均は2倍も増え、要介護度の低い層での増加がとくに顕著である。施設サービスの受給者も5年間に30％増加している。このような受給者の増加に伴い、介護保険の総費用は平成12年度の3兆6000億円から平成25（2013）年度の9兆4000億円へと拡大した。結局、介護保険対象者の総数は、平成24（2012）年で530万人にも達している。

平成16年度では、要介護・要支援と認定された者に介護が必要となった理由は、「脳血管疾患」が最も多く、「高齢による衰弱」「骨折・転倒」「認知症」がそれに次いでいる。男性では「脳血管疾患」が41・3％を占めているのに対し、女性では18・1％にすぎず、「骨折・転倒」「関節疾患」「認知症」「高齢による衰弱」などが多い。

## 認知症老人に対する家族介護

家族による介護の中でも、対象者が「認知症（平成17年度より呼称を痴呆から認知症に変更）である」場合もしくはその「疑いがある場合」が、精神的には一番大変になる。

大正時代から高齢者問題に取り組み、専門病院や老人ホームを運営してきた東京の浴風会（社会福祉法人）が、平成12（2000）年10月から開設した「介護支え合い電話相談室」は、10年間で4万6002件もの相談を受け付けた。その経過と内容についての報告書[9]が平成24年に発表されたので、その一部を紹介してみよう。家族による老人介護の実情が詳細・綿密に分析されているのである。

**方法**　フリーダイヤルで北海道から沖縄まで全国から受け付ける。月〜金の10時から15時まで。回線は4〜5本で4〜5名の相談員が対応していたが、平成22年度からは公的助成が得られなくなって2〜3本に減少。1件当たりの相談時間は20〜25分。平成13〜15年度には弁護士による法律相談もあったが、これは719件で終わった。

**相談の電話をかけてくる人**　家族介護者が86・2％と圧倒的に多いが、その他の者も13・8％いた。その他とは、対象者本人、友人、知人、介護サービス従事者などである。

性別では女性が82・6％と多いが、男性の割合も少しずつ増加してきている。

年齢は、50代が37・6％と一番多く、以下40代が23・0％、60代が15・0％と広く分布している。スタート当初は保健制度そのものに対する問い合わせが多かったが、その後は介護者本人からの相談が増えたために、50代以降の介護世代の割合が多くなってきた。

**対象者の年代と要介護度**　80代が45・7％と半分に近い。70代の31・2％と合わせると4分の3を超える。

要介護の1から5までの対象者が70％を超えて中心を占める。しかし他方、制度利用を「検討中」「未申請」「申請中」「自立」とする相談も毎年15〜20％占めている点が重要である。この電話相談が介護の入り口で迷う人に役立っていることがわかる。

**介護者と対象者との関係**　両者の続柄に当たる関係は、実にさまざまである。大きくくくると、

- 夫婦間　11％
- 子が実親を　63％
- 子が義親を　18％
- 孫が祖父母を　3％
- きょうだい同士　2％
- 親族が親族を　2％
- その他　1％

となって、実親子間が断然多いが、子が義理（配偶者）の親の介護をする問題が18％もあることが日本的特色といえる。

**図表３－３　介護者と対象者の関係**

| | |
|---|---|
| 妻が夫 | 9.4% |
| 夫が妻 | 1.8 |
| 娘が父 | 12.6 |
| 娘が母 | 37.4 |
| 息子が父 | 3.5 |
| 息子が母 | 10.0 |
| 嫁が義父 | 4.5 |
| 嫁が義母 | 13.6 |
| 婿が義父 | 0.1 |
| 婿が義母 | 0.2 |
| 孫が祖父 | 0.5 |
| 孫が祖母 | 2.1 |
| 兄弟が兄弟姉妹 | 0.3 |
| 姉妹が兄弟姉妹 | 1.3 |
| 親族が親族 | 1.7 |
| その他がその他 | 0.5 |
| 続柄不明 | 0.3 |

注）浴風会「電話相談から見える認知症介護家族の現状と課題」

さらに細分すると、**図表３－３**のようになる。

性別にくくると、男性17・4％、女性82・6％で圧倒的に女性の問題であるが、男性からの相談も、平成15～17年度には14・4％であったものが09～10年度は20・7％になるように徐々に増加傾向にあることが注目される。

**相談内容**　対象者が認知症ありの場合となしの場合とでは若干の違いがあるが、どちらも最多は「心身疲労」の悩みで相談者の50％以上がこれを訴えている。第2位は「介護方法」についての悩みで、あり群では約42％、なし群では約34％、第3位は家族間の「人間関係」のトラブルで、ほぼこの3種に集中している。

まとめると、「あり」群の特徴としては、「介護の悩み」の各分類がいずれも高く、毎日続く介護の疲労がより重く感じられている。また、「苦情」の各項目も認知症なし群より高く、認知症の家族を介護する場合、家庭内のみならず周辺状況においてもより厳しい様子がうかがわれる。

「なし」群の特徴としては、「家族間トラブル・人間関係」「問い合わせ・介護保険」「問い合わせ・施設」「その他・本人の事柄」の割合が認知症あり群よりも高いことから、認知症あり群よりも、家族員との感情の行き違いや、相談者本人が抱えている個人的事情、具体的・実質的な問い合わせが比較的多い傾向があると推察される。


次に事例の要約が150例も紹介され、認知症介護の問題点は次の6点すなわち、「介護家族の孤立」「介護家族の心身疲労」「経済的困難」「医療・介護サービスへの不満」「情報の氾濫と偏り」「超高齢社会と認知症の増加による問題」にあると指摘する。

そして最後に、「体制の整備」「正しい情報提供」に続いて、「専門家と家族がケアチームを結成」「認知症に適した施設の整備」「仕事と介護の両立支援の推進」「人としての尊厳を守る」の6項目を提示して結ばれている。

実例はまさに千差万別であって適例を選ぶことは困難だが、最も多い娘―実母関係の一つだけを紹介しておきたい。平成20（2008）年度のものである。

**相談者**　娘50代

**対象者**　母70代　要介護2

**相談内容**　母を介護して3年になるが、夫や子どもは認知症という病気を理解しようとせず、私を支えてくれない。介護保険制度も介護者を守ってくれない。最近うつうつとして眠れず、疲れてご飯を作りたくなくなってしまうので、薬を飲んでいる。「認知症の人を理解しましょう」という本ばかりで、介護者の幸福について書かれた本はどこにあるのかと思う。母は私の言うことにはすべて「ノー」と言う。専門家に「信頼関係がないからだ」と言われたが、私の夫の言葉に母が「ノー」と言わないのは信頼関係があるからと言えるのか。母は「私にも何か食べさせて」と繰り返し言うが、「食べたい」と素直に言ってくれればいいのにと思う。認知症の人と一緒に暮らしていると介護者が常に譲らねばならず、介護者の生活がなくなってしまう。

**問題点**

- 家族の無理解
- 専門書や専門家への疑問と不満
- 認知症介護が介護者の生活を奪う

**対応のポイント**

- 相談者の孤独な状況をじっくり聴く

・認知症の人はプライドが高いので介護が大変であると労う
・専門家の指摘には、「それではどうしたらよいでしょう」と一緒に考えてもらうことが有効であると助言する

## 5　大災害と家族

### 阪神・淡路大震災

平成に入って、二つの気象災害（平成16年の台風23号、平成18年の大豪雪）と五つの大地震（平成5年の北海道南西沖、平成7年の兵庫県南部〈阪神・淡路〉、平成16年の新潟県中越、平成20年の岩手・宮城内陸と平成23年の東北地方太平洋〈東日本〉）に見舞われた。その中では平成7年と23年の二つが多数の死傷者を出す大きな地震災害であった。日本では、昭和20（1945）年の終戦以来、半世紀以上もこれだけ大きな災害をもたらす自然災害はなかったから、文字通り青天の霹靂《へきれき》となった。

平成7（1995）年1月17日午前5時46分、マグネチュード（M）7・3、震度7の激震が兵庫県南部に発生、直下型地震として兵庫県内の阪神地区と淡路島北部に大被害をもたらした。平成18年5月の消防庁発表によれば、死者6434名、負傷者4万3792名、家屋の全壊18万戸強、半壊27・5万戸のほか、JRはじめ各地の鉄道路線や高速道などの自動車道が寸断され、水道・ガス・電気も全滅し

た。

関西に暮らす人々は、それまで「東日本と違って地震は少ない所」との思いが強かったようだが、「六甲山周辺には地震の巣のような無数の活断層がはしり、いつか必ず大地震が起こる可能性がある」との地震学者による警告は、その5年も前になされていたのである（藤田和夫「フィリピンのルソン島大地震に学ぶ」）。

この地震の犠牲者の約80％が、建物や家具の倒壊による圧死であったといわれる。この点、死者・行方不明14万人の約8割が火災による犠牲者であった関東大震災（大正12〈1923〉年）とは非常に異なる。神戸市周辺には芦屋、西宮、尼崎、明石、加古川などの市などに300万を超える大人口が密集した住宅に住んでおり、冬の明け方という時間帯もあって、ほとんどの人は自宅で睡眠中であった。瓦葺き、土壁、店舗つきの木造家屋の倒壊による被害が多く出た。

このときに遭遇した生活記録を詳細に綴ったものに『災禍を超えて』[10]（楢崎秀子著、お茶の水女子大学桜蔭会兵庫県支部編）がある。

記載者はみな中年の女性なので、まずは子どもの安否を確認し、次いで配偶者と声をかけあったという。家庭の中だから家族に注意がいくのは当然だが、外でこのような事態が起こった場合でも同様であったろう。関東大震災でも、戦時中の大空襲でも、数百人が死傷した際に駆けつけた人間が真っ先に捜すのは、我が子であり我が夫・妻であって、他人は目に入らないといわれる。

家族は、ふつう、関係そのものが個々人に対して持つ内在的意識が長期間持続された親密な関係なので、結びつき以外の目的を持たない特殊な情愛や憎悪の感情を内面に宿した共生感情を持った集団なのである。その無事が確認されたあとに、親族や知人への消息確認へ向かっている。

女性家政学者で作る「生活とジェンダー研究会」の調査によれば、被害が「あった学生」は「ない学生」に比べて、震災後には父親は3・5倍も、母親は4倍も「頼りになる存在」と思うように変わった。そして同時に、親戚もまた、以前に比べれば、5倍も存在感を増すようになった。家族の延長としての親族によって直接の援助を受けた例が多かったためであろう。非常時においての親族関係はやはり重要であることが証明された。両親を失って孤児となった子どもが約600人あったとされるが、そのほとんどが震災後は施設ではなく親族を頼ったとみられる。

子どもから見ても、親から見ても、震災は家族内だけでなく、親戚や近所にまで及び、接触時間の増加や、相談事や共同作業の増加という形で、人間関係を広げたといえる。

相談事や共同作業が増えて、配偶者、子ども、親戚を頼りになると感じた点は、学生調査と同様に、労働組合調査でも同じであった。しかし、労働組合調査では働いている人が多いからか、近所の人よりも友人を頼りに感じている者がやや多くなった。

ただ、被害は男女に平等に起こったわけではない。1人暮らしの高齢女性は、高齢男性よりも生活再建が困難であったし、震災による失業はパート女性の解雇から始まり、共働き家族では、震災後の保育困難を「母親が」引き受けざるをえないという事態になった。生活役割の偏りが、なお女性のほうに強いのである。ほかにも「レイプ事件」や、「震災同居」による嫁姑問題も起こっている。女性がこういう場面であっても「社会的弱者」であることが示される事態であった。

**東日本大震災**

平成23（2011）年3月11日14時46分、太平洋三陸海岸沖でM9（直後の報道では8・8）の大地震が発生した。家屋を倒壊させた直後に、千葉県から北海道南部に及ぶ太平洋岸に高さ40メートルにも及ぶ大津波が襲来、その中に東京電力福島第一原子力発電所も含まれていたために放射性物質が流失し、周辺住民への健康にも莫大な被害を及ぼす事態が重なった。通常の地震災害は家屋破壊と火災をもたらすが、今回はそれに大津波と、原子力災害が重なっていわば三重の大被害をもたらしたのである。

もっとも宮城県・岩手県の海岸線に広がる三陸沖は、我が国有数の地震多発地帯の一つで、明治以降だけでも、明治29（1896）年6月15日と昭和8（1933）年3月3日に、津波を伴う大地震を発生している。前者はM8・2、高さ30メートルの大津波が来て、流失家屋、倒壊家屋は1万戸以上、死者2万1000人以上と記録された。後者でも、30メートルの大津波が襲来し、死者3000人以上、流失家屋、倒壊家屋は数千戸の犠牲者を出したことが記録されている。

さて今回の大震災での死者・不明者は、平成26（2014）年9月の警察庁のまとめによると、全国で1万8490名で、死者は宮城県が9538名、岩手県4673名、福島県1611名が多数を占めている。ほかに行方不明が2601名いる。これらの人々の中には、夫婦、親子、親子孫などの組み合わせもかなり含まれていることは明らかで、両親を失って孤児になった子どもは6000人以上いると

「あしなが育英会」は発表している。

宮城県気仙沼市の三浦美咲さん（当時17歳）は、実に同居の曾祖母・祖父母・両親・妹2人の計7人を失っている。1年後の同市追悼式では、「育ててくれた家族7人が私の自慢であり財産です。見守っていて下さい」「お母さんは理想で憧れ。お母さんみたいになりたい。私の夢を応援して下さい[11]」とあいさつした。そのほかの被災者も、たとえ1人の死亡であったとしても、家族としてはかけがえのない人物を失ったことには変わりがない。一瞬にして1万何千かの家族は自然の力に破壊されたのである。

また、皆が生き残ったとしても、住宅が流されたり、放射能被害の危険地域に指定された場合には、別の地域に設置された仮設避難住宅とか遠方の親類の家とかに、期限の定めなく親子は長期間バラバラの地域に分住することを余儀なくされたケースも数多い。これらの事情を含めると、阪神・淡路大震災よりも程度ははるかにひどかったことになろう。

岩手県宮古市の山本百合子さん（当時60歳）は、「店舗兼住宅を流され、仮設商店街で食料品や花などを売ってます。母と弟夫婦がなくなり、泣いてばかりいたが、前を向いて生きると決めました。今日は定休日。でも、自分がいつも通り過ごすため、お店を開けました」と語っている。

また、発生時刻の違いが阪神・淡路大震災とは異なる別種の問題を引き起こした。金曜日午後2時46分は勤務時間中であったので、各都市の勤務先にいた労働者や高校・大学等の教育機関にいた学生たちは、ほとんどの交通機関が麻痺してしまったので、帰宅ができなくなってしまった。ひと口に「帰宅難民」と呼ばれることになった人々の数は、集計のしようもないが、ＮＨＫなどの推計では、首都圏だけでも500万人を下らなかったのではないかとみられている。南関東では道路の破壊はなかったので、歩いて1～2時間で帰れる人はよかったが、それ以上かかる人は、学校の体育館、公共機関のホール、駅の階段などに仮眠するほかなかった。晩春のときであったことは幸いで凍死者は出なかった。半数の人は、家族とくに子どもや老親のことが心配だからといい、残りの人は家庭のことが気がかりで、帰宅しなければ食事もとれないからと自宅へ向かったのだった。道路は使えたのだが、バスやタクシーは利用希望者が多すぎて実際には乗れるものではなかった。一番頼りになるはずと思われていた「ケータイ電話」が使えなかったことは大きな誤算だった。街角の公衆電話は利用できたが、以前より数が減らされていたので長い列ができ2時間も並ばなくてはかけられなかった。

首都圏では、ビル・住宅は倒壊せず、電気も水道もガスも大部分故障しなかったのに、こういうありさまになってしまうことは誰も予想できなかった。たちまち飲食物や電池、紙類の買い占めが始まって、とくに東北地方からの魚や野菜が入荷しなくなったが、品物不足はすぐに解消された。戦時中と終戦直後は物不足が10年近くも続いたのだから、それを思えば物資不足の被害は局地的なものにとどまったのである。

さて家族関係に戻ると、一番大きな被害者はやはり親を失った子どもたちであったろう。孤児は約6000名にも上るといわれたので、これは阪神・淡路大震災の10倍にもなる大きな数である。

宮城県東松島市の鳴瀬第二中学校では、震災で在校生3人が亡くなり、8人が親を亡くした。その中の1人、高橋まなきさんは、44歳で亡くなった母のことを、震災後1年9カ月後にやっと作文にまとめた。介護施設で働いていた母親は、避難した小学校体育館で、お年寄りと手をつないだまま津波の渦に巻き込まれたという話を聞かされた。その母の死を作文に書くのはつらいことだったのでなかなかできず、やっと書けたのである。

私は大好きな母を忘れそうになっています。／震災が起きる朝に交わした言葉も、声も顔も動作も。思い出せないことが多くなっています。それがとても怖いです。／そして忘れていってしまう自分が嫌でしょうがありません。／けれど、〔11月の進路説明会には〕みんな親がきて隣に座る。それを見た瞬間、少しだけ泣いてしまいました。／母に会いたい気持ちが溢れてきます。／母は死んでしまったけれど、まだ生きている、いつか会えると信じます。／その気持ちが私にとって前に進むための理由になります。これから大切な仲間とともにたくさんのことを体験し、心に残る思い出にしていきたいです。そして、母に会ったら自慢して、一緒に笑い合いたいです。[12]

附論

# 少子化克服のための生活改革

## 1　絶滅危惧種になってきた日本人

平成25（2013）年度の人口推計が発表されて、日本では出生数より死亡数が上回り総人口は24万人も減少した。減少傾向はもう7年も続いていて、このまま進むと、やがて日本人は消滅してしまうことは明らかである。その時点は遠い先のことだと思う人が多いが、国立社会保障・人口問題研究所の試算によると、あと500年余りで全国合計で100万人を割ってしまう（同所『人口問題研究』、**図表附I－1**参照）。これでは各府県で平均しても2万人そこそこしかいないことになる。今でも少ない鳥取、高知といった県では、人影も珍しくなる。そんな先の話ではなくても、10年先の2024年頃から年間100万人単位で減りはじめ、あと65年で総人口が半減して6000万人台になってしまうという予測は怖いほどだ。社会のすべてが揺らいでしまう。今の社会論も家族論も無意味になる。

これまでは総人口が30年間も1億2000万人台が続いて、あまり変わらなかったので心配の声が少

**図表附－1　2010年以降出生率、死亡率一定による人口総数**

2011年　人口総数127,799,000人

2020年　人口総数123,553,000人

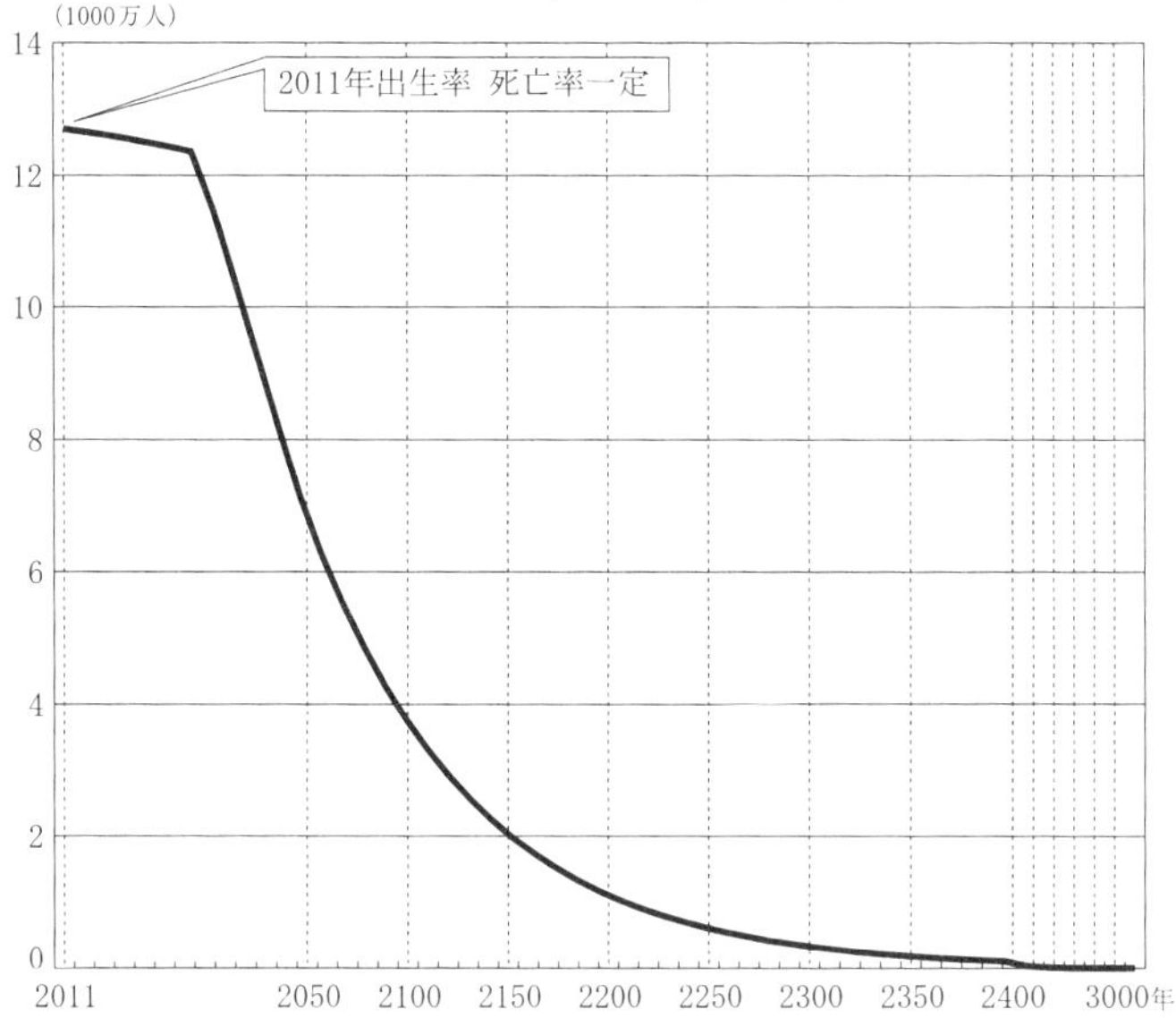


注）国立社会保障・人口問題研究所『人口問題研究』

なかったが、これからの65年という期間は、今の20歳の青年が生命のあるうちに出合う時間なのだ。珍しい動物の絶滅が心配されているが、日本人自身も絶滅危惧種の一つになってきたのである。

直接の原因ははっきりしている。（合計特殊）出生率が昭和50（1975）年以来人口維持に必要な2・1を割って下がり続け、もう40年近くも1・3〜1・4前後にとどまって回復のめどが立たないからである。

近頃の男女はなるべく結婚を遅らせ、結婚しても子を産もうとしない。あるテレビ番組で若い女性が「子が生まれたら一生の終わりよ、何もできなくなってしまう」と叫んでいるのを聞いた。昭和時代には「子ができないので離婚の危機よ」だったのに大変な変わりようである。たしかに現代の育児負担は、経済的にも精神的にも大変な時代になってきたようだ。

## 2 デンマークの生活改革

私は平成12（2000）年に、デンマークのいくつかの地方都市でホームステイをしたことがある。そのとき出会った数十人の女性たちは、「結婚して、出産して、そして働き続ける。この三つは人間としてごく当たり前の考えよ」と言いあって迷いがなかった。

実はデンマークでも、1970年代には女性の職場進出が急に進んで子を産まなくなり、1983（昭和58）年には出生率が1・37にまで落ち込んだ。男女平等観の浸透やピルの解禁も重なったが、根本は女性の就労継続意欲と自分本人の年金確保にあった。そこで、4割近い女性議員を先頭に全国民は議論を重ね、法定労働時間の短縮、育児休業や育児施設の増加、生活支援法の実施などの家族政策が次々に打ち出され厳守されてきた。

中でも、1歳以上幼児と小学3年までの児童のほぼ全員を社会保育（保育園と学童保育）し、ほとんどの企業を夏も冬も午前8時始業、午後4時終業に統一した効果が大きい。これを軸に生活と社会は回り出した。出産しても、母か父が半年ないし1年は給料分の補償を受けて自宅で育てるほか、月曜から金曜までは子を毎日施設に委託し、復職できるようになった。その結果、2000年代には出生率は1・8まで回復した。毎日子を引き取って午後5時には家族全員の顔がそろうから、父親も子と遊んだり1日交代で調理をしたりするように変わった（詳細は、湯沢雍彦編著『少子化をのりこえたデンマーク』朝日選書、2001）。

## 3　日本での改革方向

さて日本でも、こうすることはできないだろうか。政府のエンゼルプランは2度も作られたが出生率を高める効果が上がっていない。

古いしきたりが残る日本では、改革に大きな痛みを伴って難しいことだが、遅くともあと60年のうちに、こうしない限りは減少は止まらず民族として生き残れないのではないか。

たいていの企業は「とてもできない」というだろうが、よく考え直したい。8歳までの子を持つ従業員数は多くの場合半分以下だろうから、その人だけでも午後4時（あるいは5時）終業にして、あとはパートタイマーや退職者やフレックスタイムで補う。また職場と住居をなるべく地方に分散して、通勤時間を1時間以内にする。

教育費と医療費をゼロに近づけて生活不安をなくす。デンマークやノルウェーはそうなっているが税負担は大きい。両国とも、所得税50％、消費税25％と高いが、老後の心配はいらない。その代わり手取り額は多くはない（夫婦合計して手取り年収は５００～６００万円程度）ので、無駄を省いて万事が地味な暮らしになる。衣食は日本人より地味だし、ぜいたくをしない。たとえば、デンマークの地方議会は夜開くので議員の報酬は僅少、議員は昼間の職業収入があるからである。現代日本は１人当たり収入はデンマークの70％で世界20位台の貧しさなのに、ぜいたくな物質と快楽に振り回されすぎているのではないか。

結局は、多くの意識変革と制度改革が必要となるが、目指すところは「結婚・出産・仕事」をセットとして確立することである。まずは「安心できる保育手段」を確立すれば、結婚・出産がついてくるはずである。

あと六十余年で総人口は半分に減る。それまでを勝負の年として、革命に近いほどの社会改革をしなければ、日本人の文化も人間も自然に消滅してしまうことを自覚すべきではないだろうか。

# あとがき

四半世紀はやはり短い時間ではない。我々の暮らしはかなり変わった。週休2日制が定着し、パソコンやケータイが普及して、これらがない日常は考えられなくなってきた。だが便利になったが、忙しさも増した。それで豊かになったかというと、そうでもない。統計数理研究所の「国民性調査」によると、平成15年でも20年でも、この10年間で暮らしが「良くなった」人2割よりも「悪くなった」人のほうが多く4割もいて、むしろ悪化意識のほうが高い。これは15年以上も続いた長い不況による生活難が一番の原因であろう。昭和後半に一時的にはあった「ジャパン・アズ・ナンバーワン」の浮かれ気分を吹き飛ばし、2回も起こった大地震による大災害は、生活態度に猛省を迫るものになった。「1人当たり国民総所得」は世界のトップクラス（4位＝平成12年）から21位（22年）まで後退してしまった（26年には17位に上昇した。*World Development Indications 2012*による）。この間国会は、平成12年に「児童虐待防止法」（略称、以下同じ）を、13年「配偶者暴力防止法」、25年には「いじめ防止対策推進法」を、それぞれ成立させていたが、効果のほどは疑わしい。家庭にとって、平成はまさに試練の時を迎えているのである。

しかし、最近の家族についていえば、個人化はやや進んだものの、よくなった側面もかなり目立つ。離婚率は低下を続けているし、親子関係も若干良化している。少年非行は平成に入って以来減少を続け、とくに平成16（2004）年以降は急減（昭和60〈1985〉年の3分の1）している。また平成10（2008）、11年頃からイクメンが登場してきたことは大きい。男が変わる側面を見せはじめたのである。しかしごく一部の子持ち家族では困窮のためか児童虐待が見られ、その数と割合はむしろ増加している。

だが全体としては、平成の日本家族は、就労条件の悪化から経済格差が広がり、生活苦の増大に見られるように、暗い話題のほうが多かったにもかかわらず、内実は若干ながら前進したのではないか、と私には思われる。「主婦」という言葉が使われることは減って、女性の就業は当たり前のようになってきた。男性と平等の社会参画は、議員の数を見てもまだまだ足りないが、女性には結婚しか道がない社会ではなくなった。1960年代末に私が初めて大学に就職したとき、女子学生の最大の話題は「結婚」であった。それが80年末の平成時代に入ると完全に「就職」に代わってきた。結婚した男性も、育児に協力する「イクメン」のほうが幅がきくようになってきた。これは、明治初年以来1世紀半になろうという日本家族の歴史の中では初めてのことで、不況の連続も加担したが、とにかく特筆すべき変化だといってよい。平成時代もよい側面をきざんだといえる。

これは、本書執筆の初めには思いつかなかった私の明るい発見である。困った側面は本文で述べたので繰り返さないが、時代はいつも良悪の両面をそなえて動いていくものであることが確認できた。

本書が、家族と社会の関係を考える各方面の方々にとって、何らかの参考になりうればまことに幸いである。

平成26（2014）年8月

湯沢雍彦

# 注

## 序論

1　地域高齢者研究会「大企業退職者の生活像」『コミュニティ』88号、1989年、地域社会研究所、8～53頁。
2　日本国勢図会 長期統計版『数字でみる日本の100年』第6版、2013年、矢野恒太記念会、96頁。
3　朝日新聞、2013年1月19日。
4　朝日新聞、2012年6月23日。
5　朝日新聞、2013年5月28日。

## 第一部

1　以下に引用する数値は、ほとんど国立社会保障・人口問題研究所『人口統計資料集』2013年版、同所発行によるものである。
2　戸田貞三『家族構成』1937年、弘文堂。
3　大浜英子「離婚の原因」『ケース研究』2号、1949年。

## 第二部

1 マテリアルワールド・プロジェクト代表ピーター・メンツェル、「日本ウキタさん一家」『地球家族』TOTO出版、1994年、136頁。『続地球家族』TOTO出版、1997年、142頁。
2 朝日新聞、2008年5月23日
3 国立社会保障・人口問題研究所編『現代日本の家族変動 第4回』厚生労働統計協会、2011年、とくに山内昌和「親から見た子との世代間関係」による。
4 第57回全国家事調停委員懇談会「中年世代の離婚調停」『ケース研究』310号、2012年、105頁。
5 Wink編『養育費実態調査 払わない親の本音』日本加除出版、2010年、14頁以下。
6 注3に同じ
7 朝日新聞、2013年1月31日。
8 読売新聞、1998年6月5日。
9 読売新聞、1998年6月23日。
10 奥田安弘・高倉正樹・遠山清彦・鈴木博人・野田聖子共著『養子縁組あっせん』2012年、日本加除出版。
11 堀章一郎編『岡山県ベビー救済協会20年の歩み』2011年、同会。

## 第三部

1 『主婦と生活』平成5年最終号、1993年、主婦と生活社。
2 毎日新聞、2008年5月7日。
3 大川内麻里『親が知らないケータイ・ネットの世界』2008年、実業之日本社、第2章。

4　朝日新聞、2013年3月13日。

5　須藤靖「不ケータイという不見識」『UP』2012年12号、東京大学出版会、27頁。

6　石井クンツ昌子『「育メン」現象の社会学』2013年、ミネルヴァ書房。

7　三坂彰彦他『Q&A　子どものいじめ対策マニュアル』2007年、明石書店。

8　常岡史子編著『はじめての家族法』2008年、成文堂、99頁。

9　浴風会『電話相談から見える認知症介護家族の現状と課題』2012年、浴風会。43頁。

10　楢崎秀子著、お茶の水女子大学桜蔭会兵庫支部編『災禍を超えて』1996年、編集工房ノア。

11　読売新聞、2012年3月12日。

12　朝日新聞、2013年3月14日。

## 家族問題から見た年表（平成元〜25年）

※主に朝日新聞（東京版）に基づいて作成。

### 平成元（1989）年

**1月**、国の行政機関、銀行・郵便局などの土曜閉業が始まる（学校が週5日制になるのは、3年後の平成4年9月から）。

**2月**、介護福祉士始まる。

**4月1日**、「消費税」が3％でスタート。

**11月**、東西ドイツを隔ててきたベルリンの壁（西ベルリンを取り囲むコンクリートの壁、高さ4メートル、長さ165キロ）が28年ぶりに崩壊。これにより、東西ドイツ人の自由な交流が始まり、米ソ首脳が冷戦終結を宣言した。

▨国連子どもの権利委員会で「子どもの権利条約」が成立。日本は1994年に批准した。

▨経済企画庁は、内外価格差を分析した「物価レポート'89」を発表。東京を100とした物価水準は、ニューヨーク72、ハンブルグ（西独）68で、アメリカの1・4倍にもなる水準は高すぎるとした。ニューヨークと個別に比べてみると、コメ2・8倍、牛肉3・2倍、背広1・6倍、理髪2・2倍、映画1・7倍、家賃1・9倍など。

▨禁煙電車、禁煙タクシー、禁煙公衆電話など公共場面での禁煙の風潮が高まる。

▨中央官庁による三つの全国調査結果が公表された。

一つ目は総理府による「しつけに関する意識調査」で、父母の63％が「家庭でのしつけは低下している」と答えた。二つ目は経済企画庁の生活時間に関する調査で、「日本の子供は勉強しすぎ、大人は働きすぎ、老後は暇すぎの三すぎ状態」だと発表。三つ目は文部省の問題行動調査で「小中学生の登校拒否は4万人台を超え、校内暴力も増加している」。

## 平成2（1990）年

**2月**、ソビエト連邦が一党独裁を放棄し、その周辺の社会主義国の民主化が始まる。
**6月**、前年（1989）の合計特殊出生率（1人の女性が一生に産む子どもの平均数）が1・57と発表され、マスコミでは「1・57ショック」としてさかんに報道される。
**9月**、長野地裁が新判例を下した。会社員である夫（42歳）によるアルツハイマー病（認知症）の妻（59歳）に対する離婚請求を初めて認めた。夫は10年間療養看護に努力してきた。
**10月**、東西ドイツが統一。
▨認知症の高齢者は100万人を超え、ガン治療患者は81万人（5年前の6割増）。
▨日本銀行の「貯蓄に関する世論調査」によると、若いカップルの結婚資金（費用）は943万円だが、そのうちの7割は親が負担とのこと。

▨年末に交通事故の死者が1万1227人で16年間の最悪を記録した。
▨レジャー志向はさらに高まり、コミック雑誌、マウンテンバイク、海外旅行者など増加の一途をたどる。
▨据置型公衆電話で使う「テレホンカード」が一番売れた年（この年度で3億4000万枚）になった。
▨10月に行われた国勢調査の結果（翌年発表）。
総人口＝1億2361万人（年少人口＝18・2％、壮年＝69・7％、老年＝12・1％）
単独世帯は939万に増加し、全世帯数の22・9％（人員の割合は7・5％）
2人以上世帯＝3128万（人員は1億1216万人）
平均世帯人員＝2・99人（2人以上世帯では3・59人）
子と同居老人＝863万人（65歳以上人口の59・7％）

## 平成3（1991）年

▨12月、ソビエト連邦が解体。1917年に誕生した世界最初の社会主義国で、22年からは15の共和国から構成された超大国であったが、解体してロシア連邦、その他の共和国となった。

▨家計所得は依然上昇を続け、首都圏女性の月間小遣いは、独身OL5万7000円、専業主婦は1万5000円にのぼったが、他方、男性の働きすぎは続き、11月には「全国過労死を考える家族の会」が結成された。

▨厚生省の「保健福祉動向調査」では、ガン告知は自分にしてほしい58％、末期医療は家庭を希望する者が53%にのぼった。パソコン利用者が増え「肩こり患者」が急増。

▨「夫婦別姓論」が盛り上がりを見せ、総理府の世論調査では（選択的）別姓制度に賛成は女性31%、男性28%にのぼった。その後平成8（1996）年に公に提案され、さまざまな調整が試みられたが、自民党議員の中で反対者が多く実現されなかった。

▨前年から始まっていた経済の「バブル崩壊」が表面化してきた。バブルとは1987年以降土地や株が実体の適正価格を大幅に上回って泡沫的な投機現象を作った経済状況を指すが、1990年には急速に下落していた。

▨生活保護の申請者が減り、受給者が100万人を割り、保護率（総人口に占める生活保護受給者の割合）が0・7%台に下がった（受給者の43%は傷病障害者、39%が高齢者）。

▨名古屋市でそろって数え年100歳を迎えた双子の姉妹「きんさん・ぎんさん」のことが大きな話題になった。杖も使わず元気に歩き、持病もなく、明るくユーモラスに会話ができる人柄が人気を呼んだ。

## 平成4（1992）年

**4月**、「育児休業法」がスタートしたが、3カ月間の利用者は、女性847人、男性15人にすぎなかった。

**8月**、「新借地借家法」が施行され、地主側の権利が強化された。

**8月**、韓国ソウルで統一教会による合同結婚式が行われ、2万825組が参加、うち半数以上が日本人で有名人も入っていた。

**9月**、国公立の幼・小・中・高が第2土曜日を休みとする「学校週5日制」がスタート。

**11月**、女性は雇用者全体の38％を超え、共働き世帯は非共働き世帯を上回った。しかし、女性の賃金は男性の50・7％で格差はなお大きい。1月の家族手当支給男女差別判決では女性が勝訴した。

▨1987（昭和62）年まで減少を続けてきた婚姻（届出した正式結婚）は1988年以降増加に転じたが、再婚の割合が少し増えてきた。国際結婚が急増し、この1992年には3・4％を占めるまでになった。夫日本人・妻外国人（中国・韓国が多い）の組み合わせが圧倒的に多い。

▨1歳未満の乳児死亡原因の第1位が「突然死症候群（SIDS）」であることが判明。0・7％の頻度で発症。原因不明。

▨前年度に行われた厚生省調査が発表された。1982年調査に比べると見合結婚は29％から13％へ、結婚直後の親と同居の夫婦は36％から28％へ減り、結婚後の共働きは50％から67％へ増加している。妻のこれから大切にしたいことは「子どもとのかかわりあい」36％、「共通の生きがい」25％、「三世代関係」19％、「お互いの仕事・友人の尊重」14％で、幸せな家庭と個人の尊重を兼ねた家族観がのぞいていた。

## 平成5（1993）年

**5月**、初のプロサッカーリーグ（Jリーグ）が開幕し、熱狂的なブームを起こす。

**6月**、東京高裁は「非嫡出子の相続分は嫡出子の2分の1」は法の下の平等に反し憲法違反なので嫡出子と同率にすべしとの判決（ただし最高裁は平成7年に合憲、平成25年に違憲との判決）。

**10月**、最高裁は子の引渡請求には、人身保護法手続きよりも家庭裁判所の活用をはかるべきと判断。

**11月**、東京地裁は職場（国立大学）での旧姓使用を認めろとの女性の訴えを棄却する判決。しかし、民間でも役所でも認めるケースが増えてきているので、時代錯誤ではないかとの意見が多く、民法に導入すべきとの意見が強まった。

▨厚生省の調査によると、1人だけ子を産むなら妻の76％が女児を望んでいることが判明。10年前の男児を希望52％を逆転した。老後の話し相手や介護を期待しての考えか。

▨バブル崩壊による不景気が始まる。大都市ではホームレスが増加、東京都内では1000人以上。都内のオフィスの空室が平成2年で0・6％だったのが、この年の12月には9・1％にまで上昇した。「大型不況深刻化」という言葉が使われる。女子大生の就職困難が続く。

▨ペットを飼う人が増加し、高級ペットホテルや、時間レンタルペット、専用火葬場も開設された。ペットを家族の一員と思う人も増加。

## 平成6（1994）年

**2月**、東京都昭島市のスナック経営夫婦が長男の名を「悪魔」として出生届を出した問題が騒ぎとなった。市は受理していったん戸籍にタイプしたものの、乱用として抹消したので、親は違法として東京家裁八王子支部へ訴えた。しかし同支部は命名権の乱用だが、抹消手続きは不当なので再び記載するよう審判した。市側は高裁へ即時抗告。

**4月**、高校の家庭科が、女子のみ必修から男女すべて必修に変わった。

**11月**、愛知県西尾市で中学2年の男子が集団いじめにあって自殺した。この生徒はPTA会報に「入学の決意」を書き、詳しい旅日記も残していたのでマスコミは大きく取り上げた。参議院特別委員会でも取り上げられて首相と文相が答弁し、文部省は対策緊急会議を設置した（しかし効果はほとんどなく、その後もいじめ自殺は続いた）。

▨日本青少年研究所の高校生調査によると、日本青少年の価値観は「現在志向的享楽タイプ」が52％で、アメリカの22％、台湾の13％と大差があった。アメリカの過半数は「よく遊びよく学ぶ元気タイプ」、台湾は「適応的まじめタイプ」であった。

▨前年の統計数理研究所「国民性調査」によると、「一番大切に想うもの」に「家族」が5年前の33％から42％へと急増した。これに「子ども」を加えると52％になる。40年前からの調査で初めてのこと。

▨この年は国連が定めた「国際家族年」であったが、日本では（小さなシンポジウムはあったものの）ほとんど盛り上がらなかった。実現の程度は別として、法制度はいちおう整い、貧困も少ないので、官庁も民間も行うべき目標が見当たらなかったためであろう。

▨この年、１２３万８３２８人が出生し、21年ぶりの大幅増。厚生省は、「不況で家庭に入り子をつくる女性が増えたため」。女性就業者は18年ぶりに減少。

▨「ケータイ（携帯電話）」が人気を呼び、年末には２００万台を突破。ケータイ時代の始まり。

▨30〜50代男性の飲酒量が5年前より13・6ポイント減少（国民栄養調査）。

## 平成7（1995）年

**1月17日**、兵庫県南部地震（阪神・淡路大震災）発生。淡路島を震源とする直下型大地震（M7・3）。

死者総数6434人、負傷者4万3792人。全壊家屋10万4906棟、半壊家屋14万4274棟。被害総額約10兆2000億円。

**3月20日**、オウム真理教による地下鉄サリン事件、死者13名、負傷者6000名以上。起訴された信者は100名以上で、史上最大の刑事事件となった。破壊活動防止法適用を決定。

▨「ウィンドウズ95日本語版」発売で、パソコン利用者が急増。

▨海外で結婚式をした日本人カップルは3万5000組、5年前の3倍になった。

▨小児科学会の調査で、太った子どもほどテレビを見ている時間が長いことが判明。肥満度ゼロ未満＝2時間36分、肥満度50％以上では3時間55分。

▨朝日新聞の「わけあってシングル」というテーマに寄せられた男女の声が話題に。独身男性からは「彼女たちはわがままだ、自由で豊かな生活は魅力、でも老後は哀愁が待つ」。

独身女性からは、「『家政婦』を欲しがってもそういう自分は何様なの、まず人を好きになって」「マメな男性うらやましい」「仕事には1人が好都合」「母親が息子べったりでは」という声が多かった。

▨非嫡出子相続規定が嫡出子の2分の1であることについて最高裁大法廷は「合憲」の判決。ただし裁判官5名（3分の1）は「違憲」とし家族観が割れていることを示した。

▨この年、生活保護受給者、保護率はともに戦後最低を記録。豊かさのピークか、保護引き締め策の徹底か。

▨農家所得はこの年から減少を始める。

▨ケータイ電話の台数は、自動車電話を含めて累計1000万台を突破した。

## 平成8（1996）年

**1月**、神戸市の県立高校1年の女生徒がいじめを訴える遺書を残して鉄道自殺。鹿児島県で中3の少年がいじめ自殺。

**5月**、国際結婚を事実上禁じた外務公務員法が改正され、外交官の国際結婚が解禁。

**6月**、新食糧法が施行され、米の自由販売がスタート。

**6月**、警察庁まとめで、戦後の交通事故死者がこの月50万人を突破し、50万54人。

▨子どもの間でゲームソフトの「ポケットモンスター（ポケモン）」がブーム。翌年夏には売り上げ400万本を突破。

▨トヨタ生協、海外勤務者のための「墓参り代行サービス」を開始。

▨全国の下水道普及率は54％。最高は東京都の95％、最低は和歌山県の8％。

▨東京、大阪、名古屋で炊飯に水道水を使う人45・9％、浄水器による浄水を使う人45・4％。

▨文部省の調査で中3男子の身長は平均165・2センチ。30年前よりも6・5センチ伸び、女子も156・7センチで3・9センチ増。男女とも足が伸びた。

▨1世帯当たりの平均貯蓄額は1301万円で、前年より14万円増え過去最高。

▨大都市で3階建ての住宅急増。薄い形の3階建てが増え「ようかん切り」と呼ばれる。

▨地方できれいな公衆便所作りが流行。

▨東京など首都圏で数時間、犬や猫を借りて楽しむレンタルペットが人気。

▨結婚情報サービスの「アルトマン」が事業休止（24年間続いた）。
▨不況の影響ありとして、一部の私立大学などが受験料の割り引きを実施。
▨この年の「個人破産」初めて5万件を突破。
▨農家の総所得は、対前年比2・4％減の856万円で2年連続のダウン。
▨中高校生に「ダラシナ系ファッション」流行。ルーズソックスやズボンのずり下げ。
▨ガーデニングブーム始まる。

## 平成9（1997）年

**4月**、「消費税」が5％に上がる（3％から）。
**5月**、神戸市の中学校の門前に酒鬼薔薇聖斗という名の犯行声明文とともに小学生（11）の切断頭部が置いてあるのが見つかる。6月、中学男子（14）を逮捕。
**11月**、北海道拓殖銀行、山一証券という大企業の経営が破綻して倒産。
▨日本自然保護協会が全国の海・湖・河川の「自然度マップ」を発表。「すばらしい自然と呼べるところ」は海23％、湖28％、河川21％。
▨大企業の平均大卒初任給は男性19万3900円、女性18万6200円、企業の23％が初任給を据え置き。
▨厚生省の調査で、中高生の4人に1人が月に1～2回は飲酒、週に1回以上の生徒も約12人に1人の割合でいることが判明。週1は女子中学生でも4％いた。

▨宮崎駿アニメ映画「もののけ姫」の観客数が１０００万人の大台に乗る。配給収入も１００億円を超える。

▨文部省、平成８年度の全国の公立中・高校で校内暴力事件は過去最高の１万５７５件と発表。

▨厚生省のまとめで、昭和61年以来、外国で脳死者からの肝臓移植を受けた日本人患者は１５７人、男性89人、女性68人。

▨定職を持たずアルバイトで暮らすフリーターは１５１万人。５年間で50万人増。

▨ケータイの車内使用に苦情が増加（メール機能はまだなかった）。

▨総理府統計局「家計調査」によると２人以上勤労者世帯の「月間実収入」は59万５２１４円で最高を記録（実支出も同じ）。翌１９９８年から下降に転じた。

## 平成10（1998）年

**6月**、長野県下諏訪町で夫婦以外の卵子による体外受精・出産が公表された。

▨平均世帯収入（総理府「家計調査」）の低下が始まる。

▨「日本列島総不況」という言葉が流行、経済企画庁長官もそう発言。

▨自殺者急増（とくに40代以上男性）。自殺率（全国、人口10万対）は平成７年17・２から平成10年25・４へ。この１年間に、両親のいずれかを自殺で失った子ども（18歳未満）は１万２０００人。

▨元日発表の朝日新聞意識調査。「夫婦」は10年前と比べ「一心同体」が７％減り、「干渉しない」が８％増。

「愛情の表現」は、男女とも「家庭内協力」と「ちょっとした気配り」。
「不倫行為」は「許されることあり」45％で、9％のアメリカよりも寛容。
「うまくいかない時の離婚」肯定61％・否定31％。10年前はともに45％だった。
「お墓に入るとき」夫婦一緒肯定が80％。否定は40代女性でも20％。

▨総理府の男女共同参画世論調査。
「結婚後に子を持たなくてもよい」賛成は43％。5年前に比べ12％増加。

▨東京都の調査では女性の3人に1人が配偶者から身体的暴力を受けている。

▨労働省調査では単身赴任サラリーマンは全国で31万4000人。4年間で6万人の増加。

▨大学卒業後の就職率は65・6％で戦後最低。小・中学校の（30回以上の）不登校者は11％増えて10万5000人。

▨神奈川県のコンサルタント業の男が、1993年頃から不法滞在中の外国人193人と1件3万円ほどの報酬で養子縁組し、ほかにもタイ人夫婦の子について虚偽の認知届を出すなどしていたので、公正証書不実記載で逮捕。

▨キッコーマン調査によると、主婦が夕食作りにかける時間は、1時間以下が65％（18年前は43％）。

## 平成11（1999）年

**4月**、介護休業法施行。
**6月**、男女共同参画社会基本法施行。

**8月**、日の丸・君が代を国旗・国歌とする法律（国旗国歌法）成立に教育現場混乱。

**11月**、文京区女児殺人事件、犯人は子どもが同じ幼稚園に通う主婦。

▨「パラサイト・シングル」という言葉が流行。

▨統計数理研究所の調査によると、今の子どもに対する高齢者の意識は厳しい。甘やかされている＝64%、常識や礼儀を知らない＝57%、言葉遣いが悪い＝53%、感情が抑えられない＝38%と上位には否定的な回答ばかりで、頼もしいは15%にとどまった。高齢者のほうは子どもたちに気遣ってもらうよりも、「悩みを打ち明けてもらう」など自分が役立ちたいという思いが強い。

▨フランスでも「同性愛カップル」の結婚に準じた権利が下院で承認された。社会的地位を認め、相続や税金・社会保険の支払い、住宅の賃貸契約などで結婚に準じた権利を与えることを盛り込んだ「連帯の市民協約」（PACS）法案を賛成多数で可決した。欧州では10年前にデンマークで同様の権利が認められて以来、ノルウェー（2008年）、スウェーデン（2009年）、オランダ（2000年）などにも広がったが、カトリックの伝統が強い国ではフランスが初めて。2人の関係に限定され、養子は認められない。

▨英米の経済学者が計10万人について幸福度を調べた結果では、円満な結婚がもたらす幸福感は年間10万ドル（1050万円）、失業に伴う不安感や自信喪失によって減る幸福度は年6万ドル（630万円）に相当という。

▨岩手県に初の「樹木葬墓地」が誕生。墓標代わりにツツジなど花木を植えるもの。使用料は供養料を含めて約50万円と格安。

▨ケータイの加入者数が4800万台に達する。1年で約950万台増加。

▨男性40歳サラリーマンの月給は男33万6400円（前年より0・2％減）。女性37歳は21万4000円（1・0％上昇）。

平成12（2000）年

**1月**、新潟県で誘拐当時小4の女性が9年2カ月ぶりに保護される。
**2月**、イスラムの伝統が強いエジプトで改正民法を可決。持参金を返還することを条件に女性側からの離婚請求を認める。事実婚の妻も裁判所を通じて離婚状態を確認されれば再婚できるなど。ただし、一夫四妻までの慣行は残されたまま。
**3月**、厚生年金の受給開始年齢が65歳に引き上げなどの年金制度改正案が成立。
**3月**、体外受精による子どもの数が年間1万人を超え、1983年以来の累計が5万人以上となった。
**4月**、介護保険法施行。成年後見制度始まる（民法改正）。
**7月**、「そごう」が倒産。大手デパートでは戦後初。
**11月**、高齢者や障害者の交通快適を目指す「交通バリアフリー法」が施行。
**11月**、児童虐待の防止等に関する法律、ストーカー行為等の規制等に関する法律施行。
▨文部省の国際比較調査によると、日本の子ども（小5と中2）は、「いじめを注意したこと」「友だちのけんかをやめさせたこと」が「全くない」とする者の割合が30〜40％あって、独英米韓日の5カ国中最高。「うそをつかないように」と親からいわれた子は、父11％、母16％で最低。かかわりが薄い親子関係になっていることがわかった。

▨厚生省調査で子どもの虫歯が大幅に減少。11歳で57・5％（6年前から29％減）、13歳で72・3％（6年前から18％減）。

▨雪印製品による食中毒で戦後最多の1万人以上の中毒者が出た。

▨東京都の経営調査では、小売り商店の4割が、後継者がいないため廃業を予定している。

▨介護保険開始半年間に見えてきた課題は、①要介護認定の仕方があいまい、ケアマネージャーの待遇が良くない（半数が不満）。17万人の平均月収は7万円弱。利用者側からは、手続きが面倒、認定に問題あり、と。しかし69％が制度を評価している。

▨この年の11月までの刑法犯認知件数は昨年よりも多い244万件にのぼったが、検挙率は23・6％に下がった。増加が目立ったのは、強盗、強制わいせつ、婦女暴行であった。

## 平成13（2001）年

**1月**、厚生省と労働省が合併して厚生労働省となる。

**2月**、日本産科婦人科学会の倫理審議会は、「事実婚カップルへの生殖補助医療を認めない」との結論を発表。人工授精は本来、夫の精子を妻の子宮に入れる技術として使われる。しかし代理母については2000年末、厚生科学審議会の専門委員会も罰則付きの法律で禁じるべきだとする報告書をまとめる。

**3月**、「デフレ宣言」出る。

**4月**、少年法改正の施行。刑事罰対象を14歳に引き下げ、合議制導入など。

**10月**、「配偶者からの暴力の防止及び被害者の保護に関する法律」施行。

▨長野県下諏訪町の根津八紘医師は、不妊夫婦のために、妻の姉妹の1人が「代理母」になって出産した事実を公表。3年で計5例試みたという。アメリカでは80年代から行われているが、日本の厚労省は禁止の方針をとっている。アメリカでは子の親権をめぐって裁判になる例が続いている。

▨虐待や育児放棄などで要保護児童が増えているので、里親制度を改革して積極活用すべきだとの声が強まってきた。

▨東京都の報告では、児童虐待は、一人親家庭の出現率が高く、2歳から8歳までが多いが、半分以上は軽傷で、生命危険のケースは約3%、行為者が実母が6割。「世代間連鎖」や「望まれずの出産」が多いことは確認されなかった。

▨統計数理研究所の「国民性調査」によると、頭痛・イライラ・うつ・不眠症・背中の痛みの有無について、「あり」と答えた割合はイタリアとフランスが最多で、9グループ中日本人は最少。男女差も少なく、「日本人の我慢強い国民性を示す」と解説している。

▨平均寿命は世界最高レベルを更新。男78・32歳、女85・23歳。

## 平成14(2002)年

**5月**、虚偽の婚姻や養子縁組など、戸籍の改ざんが目立ってきた。本人が知らないうちに養子や結婚の届出をし、「姓名」などを変えた上で借金を繰り返したり、外国人が在留資格の延長をはかったりするもの。法務省は改正記載が残らない形で戸籍を再生(復元)できるよう戸籍法を改正する方針を固めた。

**9月**、100歳以上老人が1万7934人に（1963年は153人だった）。

**10月**、これまで区分がなかった里親制度について、10月に省令が改正され、養育里親（これが中心）、親族里親（三親等の親族）、短期里親（1年以内）、専門里親（心身に有害な影響を受けた児童のみ）の4種に区分けされ、専門里親に3倍の手当が国または府県から支給されることになった。

▨この年の婚姻は前年より4万2668組減って75万7331組、婚姻率（総人口1000人当たり）は6・0（人口1000人対比）と低下した。

▨出生数は115万3866人で最低を更新（合計特殊出生率。ある年の人口について、15～49歳女性の年齢別出生率の合計値も1・32と最低）。92年から育児休業法が施行、95年から育休利用者に月給の25%を給付する制度も始められたが、実際に育休をとる人は99年度で女性56・4%、男性0・42%にとどまっている。「職場の理解・雰囲気」によってとれないからという。

▨離婚数は28万9836件で戦後最高を記録（翌2003年からは減少が始まった）。離婚率も2・30（人口1000人対比）で戦後最高（2003年からは低下）。

▨この年の「厚生労働白書」によると、50代の平均世帯所得は年間824万円で、全世帯平均617万よりずっと高い。賃金が増えても生活水準が向上できるのは、子どもたちが独立しはじめる50歳以降であるとしている。

## 平成15（2003）年

**1月**、前年末の朝日新聞定期国民意識調査の結果。

明治以降の近代化を支えたはずの「勤勉」さが、「今の日本人に当てはまる」と思う人は50％。「礼儀正しい」「正直」「協調性」は「当てはまらない」が多数で、日本人の特徴なり美徳とされてきたものが崩れつつある。1978年に世代別で「老後に不安がある」という回答が一番多かったのは40代の49％。今回はそれが76％に増えただけでなく全世代で急増。

一方、新しい生き方を探して社会進出を続けた女性たちは力をつけ、家庭観や結婚観を変えた。「仕事は男性、家事・育児は女性」という性による役割分担意識は、94年（賛成50％、反対37％）と96年（36％、52％）の間に逆転。「結婚相手とうまくいかない時は、離婚してもよい」と思う人も、88年（45％）と97年（61％）の間に一気に増えている。

「いまの生活に満足していますか」の生活満足度は男性62％、女性69％。バブル後の最高値だ。デフレ不況の入り口にいた98年（58％）と比べ、満足度はほぼ全世代で上昇し、70歳以上では男女とも84％に達した。逆に、満足度が低いのは男性の20代（54％）、30代（61％）、40代（57％）。

▨内閣府の意識調査によると、「子どもに面倒を見てもらう」意識が急速に薄らいでいる。3年前に介護保険が実施されたためとも見られる。「介護を受けたい場所」は、自宅（43％）、病院（18％）、特別養護老人ホーム（12％）と続き、「子どもの家」は4％。

自宅や親族の家を選んだ人に、「介護を頼むつもりの相手」を聞いたところ（複数回答）、「子ども」と答えたのは53％で、前回調査の71％から急減し、「配偶者」（53％）と肩を並べた。前回は38％だった「子どもの配偶者」も25％と大きく減った。

「治る見込みのない病気になった場合に最期を迎えたい場所」としては自宅が51％、病院が30％（01年の実際は80％が病院で死亡）。

▨自殺者数が3万4427人で、26年間で最多を記録。負債や生活苦などの経済問題のほか、健康問題も増加した。

▨要介護認定者314万人、うち認知症高齢者は149万人（厚生労働省）。

▨刑法犯364万6253件で8年ぶりに減少、検挙率は低下。

▨離婚件数はこの年から減少開始（28万3854件）。

▨ケータイ出荷数8000万台に増加。

▨内閣府の発表によると、賃金は3年連続で減少したものの、企業所得は7年ぶりの伸びを示したので、国民所得は1・2％増で3年ぶりの増加を示した。

## 平成16（2004）年

**1月**、離婚訴訟の第一審を養子縁組無効等の第一審とともに、地方裁判所から家庭裁判所へ移管（人事訴訟法改正）。施行は4月。このため、この1年間で、和解離婚が1341件、認諾離婚（離婚訴訟で第1回期日に被告が請求趣旨を争わずに受諾する場合）14件が初めて発生。判決離婚も高裁以上を含めて3008件に増加した。しかし最多は協議離婚で、24万2680件で89・6％。

**3月**、事実婚した夫婦から生まれた娘が「女」と記載されたのは不当な差別を生むとして争われた事件について、東京地裁は「プライバシー権の侵害だ」と判決した。これを受けて法務省は平成16年夏までに、嫡出子と同じ「長男」「二女」などと記載方法を改めるよう施行規則を改正した。

**3月**、「夫婦別姓法案」は「家族制度の崩壊」を危惧する自民党のハードルが高く、またも提出が見送られた。法制審議会が96年に選択的夫婦別姓制度の導入を答申してから8年。婚姻届を出さない「事実婚」や旧姓の通称使用が増える現実と制度の格差は広がっている。

法案は同党の「例外的に夫婦の別姓を実現させる会」（会長・笹川尭衆議院議員＝当時）がまとめた。夫婦同姓を原則とし、「職業生活上の事情」や「祖先の祭祀の主催」などの理由がある場合、別姓を認めるというもの。「家族制度の解体につながる」とする反対論に配慮したものだが、それでも反対論を抑えきれなかった。

▨アメリカ・マサチューセッツ州で同性婚が容認された。

▨オレオレ詐欺（振り込め詐欺）がはやり出した。

▨生活保護の受給世帯が100万2000世帯に増加した。受給者数は142万8000人。保護率は1・12％。

## 平成17（2005）年

**10月**、国勢調査実施、少子化の割合と高齢化の割合が世界一となる。

▨結婚全体の中で再婚が4分の1を超える。

▨総人口が戦後初めて自然減少に転ずる。

▨合計特殊出生率1・25と最低を記録。

▨総務省統計研修所の西文彦らの発表によると、国勢調査から「同棲」中と推定される男女は33万6700人で00年の24万3600人より4割も増えた。事実婚やルームシェアは除いてあり、20代後半から30代までが7割を占めている。

▨山口県立の高校で授業中の教室に火薬入り瓶が投げ込まれ爆発した事件で、傷害などの疑いで逮捕、家裁送致された3年の男子生徒（18歳）に対する少年審判が山口家裁で開かれた。地検は「刑事処分が相当」との意見をつけて送致したが、裁判長は「少年の健全育成を図ることが適切な処遇」と述べ、中等少年院送致の保護処分を決定した。事件の社会的影響や爆発物の殺傷能力から、検察官に送致して刑事裁判を受けさせることも十分考えられるとした。だが、この非行は「『いじめ』を受けたとする生徒への仕返しを意図したもの」と認定。生徒が「いじめ」と受けとめた行為は、生徒にかなりの苦痛を与えたと考えられるため。

▨朝日新聞の調査によると、「日本人の性のモラル」は低下したと思う者が84％。その最大の原因は、「性の情報の氾濫」にあるとしている。

## 平成18（2006）年

**2月**、日本人男性と現地の女性との間に生まれた「フィリピン残留日本人2世」の姉妹が、日本で戸籍を作る「就籍」を東京地裁が許可。

**2月**、福島県は、出生率を高めるために、妊娠して出産を迷う妊婦に、養育里親を紹介する制度を始めた。
**4月**、障害者自立支援法一部施行。10月から全面施行。
**9月**、タレント向井亜紀、米国女性に依頼して代理出産した双子の出生届を東京高裁が認定。
**10月**、1958年に生まれた男性が両親との親子関係はないと判定を受け、都立病院でとり違えられたとして東京都に賠償を求めた事件で、第一審の地裁判決を取り消し、東京高裁は「病院の重大な過失」として都に2000万円の賠償を命じた。
**10月**、長野県下諏訪町の根津八紘医師は、50代後半の閉経後の女性が、娘夫婦の受精卵を子宮に入れて妊娠、前年春に出産していたことを公表。日本国内で「孫」を代理出産した初めての事例。その女性の子として届けたあと、娘夫婦と養子縁組した。娘は4年前にガンで子宮を摘出していた。日本産婦人科学会は代理出産を禁じているが、法律の取り決めはない。孫の代理出産は、南アフリカ、イギリス、アメリカなどに例があるが、フランス、スイス、中国、アメリカの一部の州などは代理出産を禁止している。
▨国連大学経済研究所の研究によると、2000年時の統計による「世界の個人の富の状況」調査では、為替レートの1人当たりでは、日本が世界一の18万1000ドル（約2000万円）であった。ただし購買力平価（貨幣価値）で計算すると5位くらいだが、豊かな国の一つと見られる。
▨朝日新聞がお金や格差について世論調査。
現在の自己の生活水準は上＝1％、中の上＝14％、中の中＝38％、中の下＝28％、下＝18％。
所得格差は、個人の能力や努力による＝48％、それ以外の原因＝40％。

世帯収入は、満足＝38％、不満足＝60％。
安心できる年収は、750万円＝28％、それ以上＝35％、それ以下＝32％。

▨実態のない養子縁組の悪用増えるとの報道。

▨ワーキングプア（働いていても貧困者）の話題増える。

## 平成19（2007）年

**3月**、最高裁小法廷、向井亜紀夫妻と双子の親子関係は認められないとの決定。

**4月**、離婚時年金分割制度（厚生年金の報酬比例部分を夫から妻に分割する）発足。

**5月**、改正少年法成立（少年院収容を14歳から12歳に引き下げ）。

▨配偶者暴力・ストーカー被害、平成13（2001）年以降で最多。

▨「離婚後300日問題」が話題になる。民法772条は、前夫と、離婚または死別後300日未満で生まれた子は前夫の子と推定されることを規定している。しかし現実には、この期間に現夫との間の子を出産する事例が多い。これを裁判によらないで救う方法を考えようとするもの。

▨大きな話題を呼んだのは、熊本市の「赤ちゃんポスト」の発足。前年（平成18）年11月8日、熊本市のカトリック系の慈恵病院が「こうのとりのゆりかご」の設置計画を公表し、翌日に新聞発表された。この「こうのとりのゆりかご」は、さまざまな事情で親が養育できない新生児を匿名で受け入れるという施設。民間の一医療機関が匿名で赤ちゃんを預かることに対して、全国的に賛否両論が巻き起こった。

議論は「子どもの命の救済か」「親の子捨て助長か」という世論を二分する形で展開された。大きな波紋を投げかけることになった背景には、マスコミ各社が慈恵病院の施設を「こうのとりのゆりかご」ではなく、「赤ちゃんポスト」という言葉で大々的に報道したことがある。さまざまないきさつを経て、熊本市は4月に許可を出し、5月10日に運営開始。

## 平成20（2008）年

**1月**、韓国で（家族制度の中心であった）戸籍制度を廃止、一人一籍の身分登録となる。これまでは、父親が家父長として権威を持ち、戸主承継は男系が優先され、妻や息子の妻は男性の下で「内助役」を強いられてきた。妻の姓を継ぐことが可能となり、子の改姓も可能となった。姓の発祥地が同一である男女（同姓同本）の結婚禁止も廃止。

**2月**、日本学術会議の「生殖補助医療の在り方検討委員会」は、代理出産を原則禁止した上で、営利目的で行った場合、依頼者や実施した医師、仲介者に刑罰を科す法律を作るべきだとする報告書案をまとめ、公表。ただし、研究などで例外的に代理出産を認めることも検討課題として残した。その後、国会では審議されていない。

**5月**、雑誌『主婦の友』が6月号で休刊（91年の歴史を閉じる）。１９３４年1月号は１０８万部に達していたが、90年頃には10万部を割っていた。

**6月**、最高裁大法廷、非婚の両親の子に日本国籍を認めない国籍法は「法の下の平等に反する」として違憲の判決。国は12月に改正国籍法を成立。

**9月**、リーマン・ショック（アメリカの住宅バブルがはじける）起こる。預金利子急落、世界的な金融不安を起こす。

▨親の8割は公立中学校に満足（朝日新聞・ベネッセ共同調査）。

▨合計特殊出生率は1・37へ微増。

▨2005年に婚姻したカップルのうち、妻の姓を選んだ割合は夫婦とも初婚のときは2・7％だが、夫初婚―妻再婚では6・6％、夫婦とも再婚は9・0％と発表された。妻が再婚の場合は、妻に子どもがいて、子どものために姓を変えない選択が多いと考えられる。

▨育児・出産・妊娠サイト「ベビカム」で「家族の範囲」を調査したところ、私（妻・30代と思われる）から見た範囲は次のように出た（単位は％）。子ども＝100、夫＝99・7、実の親＝82、実の兄弟姉妹＝73、ペット＝60、夫の父母＝60、夫の兄弟姉妹＝42。

▨5月23日の朝日新聞「もっと知りたい」欄に「夫に殺意抱く妻たち」の記事が載ったところ、各種の相談機関に夫の身体的暴力や言動による圧迫（モラル・ハラスメント）に悩む妻からの相談が殺到。

▨いわゆる「できちゃった婚」は1970年代までは珍しかったが、この年の結婚式場は4組に1組が「おめでた婚」。厚労省によると、婚姻届出前の受胎で生まれてくる乳児の割合は、1980年に12・6％だったが2004年には26・7％に増加している。もっとも戦前でも内縁婚が多く、第一子が生まれる直前に婚姻届出をするしきたりは多かったので、同程度の割合はあったものと思われる。

## 平成21（2009）年

**1月**、戦時中に一方的に離婚された女性が、軍人恩給の支給を国に求めた事件に対し、東京地裁は半世紀分に当たる約3800万円を認める判決。夫は出征中1943年に離婚届を出したまま44年に戦病死した。子は3人いて、1995年に離婚無効の審判をえている。

**2月**、香川県の県立中央病院で受精卵取り違え妊娠を中絶。病院は謝罪したが女性は地裁へ訴えた。

**6月**、夫婦が同時に死亡し、子どももいないときの配分はどうなるか。生命保険金をかけていた夫と、受取人の妻が同時に死亡したときの二つの事件で最高裁は、保険会社などの主張したように、双方で分けることはできず、契約上の受取人である妻側の遺族だけに権利があると判決。二審も同じ判決だった。

**11月**、通称「赤ちゃんポスト」が開設2年5カ月間の実態を公表した。預けられた子は51人、うち生後10カ月未満の新生児が43人。理由は、生活難7人、戸籍のこと8、不倫5、未婚3、世間体など。12人が里子に、32人が乳児院へ預けられたが、7人は実の親が引き取っている。うち特別養子縁組されたのは1人のみ。同病院に、同時に設けられた妊娠・出産の電話相談には、全国から年間約500件が寄せられた。

**11月**、養子縁組偽装で3人逮捕。

▨内閣府の「第8回青年意識調査」で、将来年老いた親を「どんなことしてでも養う」と答えたのは、イギリス66・0％、アメリカ63・5％、フランス50・8％と高かったが、日本は28・3％、韓国は

35・2%と低い。

▨実際は2004年のことだが、2009年11月に公表されたので、ここに入れておく。経済協力開発機構（OECD）の2004年調査によると、日本の相対的貧困率は14・9%で加盟30カ国中26位という悪さ。6世帯に1世帯が貧困ということになる。

なお、とくに、子がいる一人親家庭の相対的貧困率は54・3%で先進国中最悪（OECD30カ国）であった。相対的貧困率は、貧困層が占める割合を示す。所得から税などを差し引いた世帯の「可処分所得」を1人当たりにならし、高い順に並べたときの真ん中の人の所得を「中央値」と設定。今回の中央値は年228万円で、その半分の114万円（貧困線）に満たない人の割合が「相対的貧困率」となる。18歳未満の子どもだけで計算した「子どもの貧困率」は14・2%（2007年）。すなわち、子どもの7人に1人は貧困。

▨この年1〜3月の国内総生産（GDP）は前年比14・2%減、7月に失業率5・5%と最高を記録。

## 平成22（2010）年

**3月**、国は2007年の「相対的貧困率」を発表。15・7%でOECD30カ国中19位。子どもの貧困率は16%、とくに一人親世帯の貧困率は54%、30カ国中最悪。

**10月**、国勢調査実施。その結果の一部、平均世帯人員2・42人、単独世帯者1588万人だが、三世代世帯生活者も1874万人いる。

**12月**、OECDのPISA 2009（国際学力調査）で科学5位、読解力は8位、数学9位となる。この調査、アジアは重視するが米英は関心が薄い。

▨内閣府は3月に15歳から80歳未満2900人を対象とした国民生活選好度調査（平成21年度）で、自分自身が「とても幸せ」10点から「とても不幸」0点までの11段階で幸福度を質問したところ、平均は6・5で1999年の6・3点を上回った。2008年の欧州28カ国の平均6・9よりは低い。女性のほうが高く、30代が高かった。重視することは、健康、家族、家計で、不満な政策は、年金、財政、社会環境（なお、2006年のイギリス・レスター大学の幸福度調査では、日本は178国中90位）。

▨3月頃を中心に、財政悪化論がさかんになった。景気対策や高齢化で歳出はふくらむ一方、不況の影響で税収は急落。国債を税収より多く発行して国の借金は増えるばかりで先進国で最悪。あと10年ももたないで破綻するという意見も出る。

▨生活保護不正受給額129億円に上る。

▨自殺は12年連続3万人台、経済生活理由が第2位。

▨生死不明の高齢者（戸籍上は生存中）続々と判明（年金や生活保護を受け続けるため）。

▨夏は観測史上最高の猛暑。

## 平成23（2011）年

**3月11日**、東日本大震災（東北地方太平洋沖地震）発生。M9・0、15・9メートルの大津波、福島・宮城・岩手・青森・茨城・千葉の各県で大被害、福島第一原発崩壊、死者・不明1万8498人、全壊12万7390戸、半壊27万3048戸、総被害額16兆9000億円。朝日新聞意識調査で、絆が強

まった者は家族28％、友人知人15％、社会14％、心の支えは第１位が家族。

**5月**、民法・児童福祉法改正、児童虐待防止法改正。親権２年以内の停止、養護施設長らの権限強化。

**5月**、家事事件手続法成立（施行は平成25年、家事審判法の改正）。

**10月**、大津市で、市立中学２年男子（13歳）がマンションから飛び降りて自殺、いじめによるもので、大きな話題となった。同級生３人が後ろ手に縛って暴行、プロレス技をかけたり、自殺を練習させられていたなどで父親が刑事告訴した。学校は同級生ら３６０名から事情を聞き出す。ほかにも、いじめによると見られる生徒自殺がこの年４件も。

▨ギリシャ、スペインを中心にヨーロッパの財政危機拡大。

▨里親のもとで暮らす里子は09年末で４０５５人で10年前より倍増しているが、要保護児童全体の中ではなお10％程度で世界最低。厚労省では今後10年ほどで施設児童を現在の３分の２程度に減らす方針。２００２年に制度化された親族里親は10年には３４１世帯に増えたが、１万４０００人もいる韓国に比べると、非常に少ない。韓国では月10万ウォン（約７５００円）の養育補助金が支給されるが日本はゼロ。

▨厚労省は児童養護施設の職員による子どもへの虐待調査を発表。09年度の虐待・通報は２１４件あり、確認できたのが59件、判断がつかないケースが18件。加害職員の半数以上は実務経験５年未満。

## 平成24（２０１２）年

**4月**、「離婚後、父または母との面会交流、及び養育費の分担」について明文化した改正民法が施行。

面会交流を求める家事調停は２０１１年に８７１４件。

**7～8月**、ロンドンでオリンピック。日本のメダルは38個で過去最高（柔道男子金メダルなし）。

▨内閣府調査、60歳以上の親で学校卒業後の子と同居は44％、親の56％が生活費を援助。

▨90代著者による「生き方本」（アラウンド90）が続々出版。

▨「民間給与調査」で２０１１年の会社員やパート従業員の年平均給与は４０９万円で、２０１０年より３万円下回っている。男性は５０４万円、女性は２６８万円、年収１００万以下の女性が24万人増えている。

▨総務省労働力調査によると、パート・アルバイトで働く人は、２０１２年１～３月の平均で１２５０万人、非正規労働者の約70％。

▨保育園に入れない「待機児童」が約４万７０００人（２０１１年10月現在）いるといわれ、その９割が０～２歳児。政府案では保育所と幼稚園を合わせて「認定総合こども園」を作りはじめているが、12年４月時点で９１１カ所、目標の半分以下。

▨東日本大震災から１年たった２０１２年３月に行った朝日新聞世論調査の結果は次のとおり。

「人と人との絆を実感したか」大いに36％、ある程度50％、していない13％

「日本社会の絆はどうか」強まっている14％、弱まっている54％、変わらない26％

「家族の絆はどうか」強まっている28％、弱まっている35％、変わらない35％

▨いじめを中心とした児童生徒の問題行動について文科省が確認数を発表。国公私立の小中高校と特別支援学校を対象として、２０１１年度中の件数は７万２３１件。10年度より、９・５％減り、06年度以降で最少。愛知県８５２３件が最も多く、佐賀県が最少で68件。生徒１０００人当たりの発生件数では熊本県32・9件。大分、岐阜が多く、佐賀、福島、和歌山、宮崎が少ない。東京都内で学校がいじめを確認したのは、小学1864、中学1588、高校53、特別支援学校30件。

▨宇都宮家裁は4～5月に、親族の成年後見人1人を解任し、同様に知的障害者施設の後見人50人についても財産管理の権限を弁護士に移した。親族らが財産約1億5000万円の一部を投機的な資産運用に使っていたため。

## 平成25（2013）年

**1月**、「家事事件手続法」が施行（1947年の「家事審判法」の改正）。

**4月**、最高裁小法廷は、具体的な定めがあるのに離婚後子に会わせない親には制裁金の支払いを命じられると初判断。

**5月**、成年後見制度で後見人がついた知的障害者（約13万6000人）らも選挙に参加できるように、公職選挙法の改正案が国会で可決成立。

**5月**、夫婦別姓は違憲かで争われた訴訟で東京地裁は「不利益が生ずることは容易に推測できる」としながらも「憲法で保障された権利ではない」と原告を敗訴させた。裁判長は女性。なお前年12月の内閣府世論調査では、法改正への賛否はそれぞれ3割程度と伯仲、20～30代女性では約5割が賛成論。

**5月**、内閣府は、妊娠や出産の知識を広めるために「女性手帳」（仮称）を翌年から配る案を撤回。女性団体やマスコミから「産む産まないに国が口を出すのか」と批判されたため。

**6月**、「いじめ防止対策推進法」成立、学校に防止を義務化。

**8月**、中旬に猛暑日が続き、12日には高知県四万十市で41・0℃の最高気温を記録。
**9月**、最高裁大法廷は、婚外子の相続分は婚内子の半分とする民法規定は、「平等を定めた憲法に違反」との初の判決。
**11月**、大阪地裁は、妻は年齢を問わずに遺族補償年金を受け取れるのに、夫は55歳以上でないと受給できない地方公務員災害補償法は男女差別で違憲だと判決。
**12月**、最高裁小法廷は、性同一性障害で性別を男に変更した夫について、第三者の精子で妻が出産した子を法律上嫡出子と認定する決定（3名の多数意見、2名の裁判官は反対）。
▨警察庁は、刑法犯は11年連続して減少していると発表。前年より詐欺は10％増えたが、窃盗が大幅に減少した。
▨OECDによる2012年国際調査で、読解力と数的思考力の「成人力」は日本が24カ国中1位の好成績と発表された。
▨世界経済フォーラムの2013年「男女格差報告」によると、日本は136カ国中の105位に下落。女性議員の比率と企業幹部の女性割合が低下のため。
▨人口動態統計（年間推計）によると、2013年の死亡数から出生数を引いた人口の自然減は、過去最大の24万4000人。人口の減少は、7年連続。出生数は約103万、死亡数は127万5000人、合計特殊出生率は1・41と推定。

湯沢雍彦（ゆざわ・やすひこ）
1930年、東京都に生まれる。東京都立大学社会学科卒業・同法学科卒業。東京家庭裁判所調査官、お茶の水女子大学教授、郡山女子大学教授、東洋英和女学院大学教授を経て、現在、お茶の水女子大学名誉教授。専攻は家族法社会学。著書に『明治の結婚　明治の離婚ー家庭内ジェンダーの原点』（角川選書）、『新版 データで読む家族問題』（共著、NHK出版）、『大正期の家族問題ー自由と抑圧に生きた人びと』『昭和前期の家族問題ー1926〜45年、格差・病・戦争と闘った人びと』『昭和後期の家族問題ー1945〜88年、混乱・新生・動揺のなかで』（以上、ミネルヴァ書房）など。

朝日選書 926

データで読む 平成期の家族問題
四半世紀で昭和とどう変わったか

2014年 10月25日　第1刷発行

著者　湯沢雍彦

発行者　首藤由之

発行所　朝日新聞出版
〒104-8011 東京都中央区築地5-3-2
電話 03-5541-8832（編集）
03-5540-7793（販売）

印刷所　大日本印刷株式会社


ISBN978-4-02-263026-1
定価はカバーに表示してあります。

## 教養として読む現代文学
石原千秋
太宰治から三田誠広まで、新たな発見に満ちた読み解き

## 世界遺産で巡るフランス歴史の旅
松本慎二
文化遺産が持つ歴史、エピソードをカラー写真と共に紹介

## あなたはボノボ、それともチンパンジー?
類人猿に学ぶ融和の処方箋
古市剛史
片や平和的、片や攻撃的な類人猿に見るヒトの起源と未来

## 巨大地震の科学と防災
金森博雄　構成・瀬川茂子／林　能成
世界中の地震波形を解析してきた「地震職人」初の入門書

asahi sensho

## 日中をひらいた男　高碕達之助
牧村健一郎
周恩来ら世界のトップと互角に渡り合った経済人の生涯

## 西洋の書物工房
ロゼッタ・ストーンからモロッコ革の本まで
貴田　庄
書物の起源と変遷を、美しい革装本の写真と共に紹介

## 根来寺《ねごろでら》を解く
密教文化伝承の実像
中川委紀子
僧兵が跋扈した巨大寺院?　九〇〇年に及ぶ学山の実態

## 『枕草子』の歴史学
春は曙の謎を解く
五味文彦
なぜ「春は曙」で始まる?　新たに見える古典の意外な事実

（以下続刊）